운동선수 마스터플랜

운동선수 마스터플랜

초판 1쇄 발행 2024년 2월 1일

지은이	theD마스터플랜연구소(이경윤)
발행인	조상현
마케팅	조정빈
편집인	김유진
디자인	김희진

펴낸곳	더디퍼런스
등록번호	제2018-000177호
주소	경기도 고양시 덕양구 큰골길 33-170
문의	02-712-7927
팩스	02-6974-1237
이메일	thedibooks@naver.com
홈페이지	www.thedifference.co.kr

ISBN 979-11-61254-51-7 03370

더스 | 더디 | 더디퍼런스 | 마이북

십대가 되고 싶은 직업 로드맵

운동선수 마스터플랜

theD마스터플랜연구소 지음

더디퍼런스

초·중등 희망 직업 1위, 운동선수

과거에 비해 스포츠 스타나 인기 연예인이 되고 싶다고 말하는 청소년의 비율이 높아졌다. 과연 이것은 사실일까? 실제 어린이와 청소년들을 대상으로 한 여러 직업 선호도 조사에서 단연 희망 직업 1위를 차지한 것은 운동선수였다.

먼저 교육부와 한국직업능력개발원이 실시한 '2018년 초·중등 진로교육 현황조사'에서 희망 직업 1위가 운동선수(9.8%)였다. 그동안 1위라고 생각했던 교사나 의사보다 더 많은 학생이 운동선수가 되고 싶다고 답한 것이다.

또한 JTBC 취재진이 서울 시내 초·중·고등학생 830명을 대상으로 실시한 장래 희망 설문조사에서도 비슷한 결과가 나왔다. 장래 희망이 있는 청소년 가운데 초·중·고교에서 모두 아이돌이나 운동선수 등 문화체육인이 1위를 차지했다.

　이처럼 청소년들 사이에 운동선수가 직업 선호도 1위로 나타나는 이유는 무엇일까? 청소년들은 공부 스트레스에 시달리기 때문에 체육 시간을 좋아한다. 그도 그럴 것이 한참 혈기 왕성한 청소년 시기에 책상 의자에 앉아있기만 하는 건 참을 수 없이 답답한 상황이다. 운동을 좋아하지 않는 청소년들이 거의 없을 정도다. 그런데 내가 좋아하는 것을 하면서 돈도 벌 수 있다면 이보다 좋은 일이 없다. 아마도 이것이 운동선수가 직업 선호도 1위로 나타나는 큰 이유 중 하나일 것이다.

　하지만 자신이 좋아하고 돈도 벌 수 있다고 해서 무조건 직업 선호도 1위가 될 수는 없다. 요즘 운동선수들의 연봉을 보면 높은 인기가 실감난다. 인기 스포츠 스타의 경우 수십억에서 심지어 수백억을 버는 사람들도 있다. 이 정도라면 힘든 직장생활을 하지 않아도 평생 먹고살 수 있을 것만 같다. 내가 좋아하는 일로 이처럼 부자가 될 수 있는 꿈까지 더해지니 운동선수가 직업 선호도 1위가 되는 것은 어쩌면 당연한 일인지도 모르겠다. 실제 어린이와 청소년들은 운동선수가 되고 싶은 첫 번째 이유에 대해 경제적인 문제 때문이라고 답하기도 했다. 아마도 이런 이유로 운동선수를 미래의 직업으로 꿈꾸는 청소년과 부모들이 점점 많아지고 있다.

　하지만 운동선수를 꿈꾸는 사람들이 꼭 알아야 할 사실이 있다. 운동선수라는 직업은 일반 직장과는 다른 측면이 있다. 우선 일반 직장에 들어갈 수 있는 직업의 자리가 100개라면 운동선수로 들어갈 수 있는 직업의 자리는 1개도 안 된다는 사실이다. 이렇게 운동선수라는 직업은 자리가 매우 적어 경쟁이 치열하며 경쟁이 치열한 만큼 매우 높은 실력을 갖추어야 한다. 여기서 매우 높은 수준의 실력이라는 게 단지 동네에서 조금 잘하는 수준으로는 어림도 없다. 전국적으로 인정받을 수 있을 정도의 실력을 갖추어야 한다. 이러한 직업적 속성은 대부분의 예체능계 직업에서 드러나는 특성이다.

　이 때문에 운동선수는 높은 수준의 실력을 갖추기 위해 어릴 때부터 엄청난 시간과 노력과 돈을 투자해야 한다. 운동을 하는 데 돈이 드는 이유는 각 운동에 필요한 장비 구입 및 코치, 개인 트레이닝 등의 각종 비용이 들기 때문이다. 개인과 종목에 따라 이 비용이 더 많이 들어갈 수도 있다. 이와 관련해서는 반드시 자신과 같은 종목을 하는 선수, 선배, 선생님, 코치 등에게 정보를 미리 듣고 부모님과

상의하는 과정이 필요하다.

체력과 정신력에 관련해서도 미리 생각할 필요가 있다. 운동선수는 경쟁에서 이겨야 하므로 일반인들이 생각하는 수준보다 훈련이 훨씬 혹독할 수밖에 없다. 만약 이 혹독한 훈련을 감당할 체력과 정신력이 준비되어 있지 않다면 운동선수의 꿈과는 멀어질 수밖에 없다. 정말로 운동선수를 꿈꾼다면 이와 같은 시간, 노력, 돈을 투자할 마음의 자세가 준비되어 있을 때 비로소 그 길을 선택하라 권하고 싶다. 처음부터 운동선수를 꿈꾸는 학생과 학부모에게 이런 당부를 하는 이유는 운동선수의 길이 강한 정신력과 체력으로 무장되지 않으면 중도 탈락하는 경우가 다른 진로에 비해 많이 나타나고 있기 때문이다.

이 책을 읽으면서 운동선수로서 준비해야 할 몸과 마음, 그리고 다양한 정보를 모아 자신에게 꼭 맞는 직업을 찾아보자.

TheD마스터플랜연구소

차례

프롤로그 초·중등 희망 직업 1위, 운동선수 _ 4

1장 운동이 직업이 되는 운동선수

아마추어 운동선수와 프로 운동선수 _ 12

4대 프로 리그의 역사 _ 20

그 밖의 프로스포츠 역사 _ 30

직업으로 성공할 수 있는 인기 운동 1 _ 39

직업으로 성공할 수 있는 인기 운동 2 _ 48

운동선수로 얼마나 활동할 수 있을까? _ 53

마스터플랜 GOGO! 세계 최고의 축구 리그를 정복한 손흥민 _ 60

2장 운동선수가 되려면 어떻게 해야 할까?

직업 운동선수가 되는 법 _ 66

운동선수가 내 적성에 맞는지 아는 방법 _ 71

고등학교 · 대학교, 어디로 갈까? _ 75

운동선수가 되기까지 드는 비용 _ 84

스타 선수는 하루를 어떻게 보낼까? _ 90

인기 스포츠 스타가 되는 과정 _ 96

마스터플랜 GOGO! 미개척 분야에서 세계 최고가 된 김연아 _ 99

3장 프로 운동선수의 과거와 현재

골프, 최초로 프로 선수를 탄생시키다 _ 104

야구, 프로스포츠의 위상을 높이다 _ 109

축구, 세계적인 선수를 키우다 _ 115

농구와 배구의 프로 세계는 어떨까? _ 120

여자 운동선수의 세계 _ 125

우리나라 운동선수들의 해외 진출 _ 132

마스터플랜 GOGO! 메이저리그에서 성공한 추신수 _137

4장 운동선수의 미래는 어떨까?

운동선수가 반드시 미래를 준비해야 하는 이유 _ 142

운동선수의 은퇴 후 진로 _ 146

스포츠와 관련된 미래 유망 직업 _ 151

운동선수 관련 직업은 어떻게 변할까? _ 156

마스터플랜 GOGO! 농구 황제 마이클 조던이 야구를 한 이유 _160

1장
운동이 직업이 되는
운동선수

아마추어 운동선수와
프로 운동선수

모든 운동선수가 직업인이 되는 것은 아니다

과거에는 박찬호, 박지성 선수를 보면서, 요즘에는 손흥민, 류현진 선수를 보면서 운동선수를 꿈꾸는 청소년들이 점점 많아지고 있다. 우리나라 선수가 세계 최고의 무대에서 주목받으면서 이름을 떨치는 모습을 보면 매력적으로 보일 수밖에 없는 직업이기 때문일 것이다. 무엇보다 스포츠는 건강한 청소년이라면 누구나 좋아하는 분야이기에 자신이 좋아하는 일을 하면서 돈도 벌 수 있다는 점이 매력적으로 다가오기도 한다.

그러나 운동선수를 직업으로 생각할 때는 살펴봐야 하는 부분이 있다. 직업이란 내가 일정한 돈을 벌며 생활을 유지할 수 있게 해주는 것을 뜻한다. 따라서 직업적인 운동선수가 되려면 운동을 하며 일정한 수입을 벌어들일 수 있어야 한다. 하지만 운동선수가 된다고 하더라도 돈을 벌지 못할 수도 있어서 모든 운동이 곧 직업으로 연결되지 않는다는 사실을 알아야 한다. 예를 들어 학창 시절에 축구선수가 되었다 하더라도 일정한 수입이 들어오지 않는다면 아직 운동선수가 자신의 직업이 된 것은 아니다. 운동선수에게 일정한 수입을 안겨다 주는 프로 구단이나 실업팀에 합격해야 비로소 직업인이 되는 것이다. 그런데 운동선수가 되겠다는 사람들은 많으나 일정한 수입을 주는 프로 구단이나 실업팀에서 뽑는 직업 운동선수들의 자리는 매우 한정되어 있다. 따라서 직업적인 운동선수가 되기 위해서는 여러 관문을 통과해야 한다.

프로와 아마추어의 차이는 무엇일까?

운동선수에게는 특별히 붙어 다니는 말이 있다. 바로 '프로'와 '아마추어'이다. 여기서 프로란 프로페셔널(professional)의 줄임말로 "어떤 일을 전문적으로(직업적으로) 하는 사람"을 뜻한다. 반면 아마추어(amateur)는 "어떤 일을 취미로 하는 사람"을 뜻한다. 어떤 일을 전문적, 직업적으로 하는 사람과 똑같은 일을 취미로 하는 사람의 실력은 차이가 나게 마련이다. 아무래도 전문적, 직업적으로 하는 사람의 실력이 훨씬 뛰어날 수밖에 없다. 그래서 어떤 일을 아주 잘하는 사람을 빗대어 '프로' 실력이라 추켜세우는가 하면 조금 서투른 사람을 빗대어 '아직 아마추어 수준'이라며 깎아내리기도 한다.

운동선수에게는 특히 프로와 아마추어의 구분이 중요하다. 프로 정도의 실력이 되어야 비로소 사람들에게 주목받고 그 종목에서 직업인으로 설 수 있기 때문이다. 따라서 운동선수를 직업으로 갖기 위해서 무엇보다 중요한 것은 뛰어난 실력이다. 이 때문에 학창 시절부터 운동선수가 된 청소년들은 실력을 키우기 위해 피땀을 흘리며 혹독한 훈련을 받는다.

운동선수는 실력이 매우 중요하기 때문에 대개 초등학교 때부터 운동선수로 활약하기 시작하며 이 시기를 넘기면 늦었다는 말을 듣게 된다. 이렇게 중학교, 고등학교의 과정을 거치며 해당 운동부가 있는 대학까지 진학하여 운동선수로 활동하게 된다. 프로 운동선수로 빨리 활동하고 싶은 경우 고등학교 졸업 후 곧바로 프로에 뛰어들어 프로 선수가 되기도 한다.

학창 시절을 거치며 훈련받는 동안은 아직 아마추어 운동선수이다. 운동선수이기는 하지만 아직 스스로 돈을 벌어 경제활동을 할 수 있는 상태는 아니기 때문이다. 학창 시절에 닦은 실력을 인정받아 프로 구단이나 실업 운동팀에 입단해 일정한 수입을 얻을 수 있는 운동선수가 되었을 때 비로소 직업적 운동선수, 즉 프로 선수가 되는 것이다.

실업팀에 들어가는 방법도 있다

지금까지 아마추어 선수와 프로 선수의 차이에 대해 알아보았다. 아마추어는 아직 직업적 운동선수가 아니며 프로 선수가 직업적 운동선수라는 이야기를 했다. 하지만 초등학교 때부터 실력을 쌓아가는 운동선수의 특성상 아마추어라고 해도 실력 측면에서 전문성을 가지지 못한 상태라고는 볼 수 없다. 일반적으로 사회에서 전문성을 갖지 못한 실력에 빗대어 "아마추어 같다."라는 표현을 쓰는데, 이는 운동선수에게 해당하는 말은 아니다. 아마추어 선수 중에는 프로 선수 못지않은 실력을 갖춘 사람이 얼마든지 있을 수 있다. 실제로 4년마다 열리는 올림픽에는 아마추어 운동선수만 참가할 수 있다. 올림픽은 최고의 실력을 갖춘 선수들이 참가하는 대회이므로, 운동선수 분야에서만은 아마추어를 무시할 수 없다.

따라서 운동선수 분야에서 아마추어는 프로만큼의 실력이 없다는 뜻이 아니라, 아직 그 운동 분야에 프로 구단이 없기 때문에 붙여진 명칭임을 알아야 한다. 예를 들어 테니스나 수영, 빙상 종목 등은 아직 우리나라에 프로 구단이 없는 실정이다. 이처럼 운동선수 분야에서는 프로 구단의 유무에 따라 프로와 아마추어를 구분해 부르고 있다.

따라서 운동선수 분야에서는 아마추어 선수 상태라도 운동선수를 직업으로 삼아 활동할 길이 열려 있다. 기업이나 지방자치단체들은 홍보나 격려 차원에서 운동팀을 운영하기도 하는데, 여기에 소속되어 활동하면 운동선수로 활동할 수 있다. 이 경우 프로와 달리 기업이나 지방자치단체의 직원으로 소속되어 활동하게 되므로 아마추어 선수 상태는 유지하게 된다. 기업이나 지방자치단체에서 운동팀을 아마추어 상태로 운영하는 이유는 올림픽 등의 대회에 자유롭게 참가하기 위해서다(과거 올림픽 등의 대회에서는 프로 선수의 참가를 금지하는 규정이 있었다). 이처럼 지방자치단체나 기업 등에서 운영하는 운동팀을 실업팀이라고 부르는데 여기에 들어감으로써 직업 운동선수로 활동할 수 있게 된다. 그러므로 운동선수들의 경우 아마추어 선수라기보다 직업 운동선수라는 표현이 더 적합할 것이다.

세미프로도 있다!

한편 직업 운동선수 중에 세미프로도 있다. 세미프로란 우리나라 말로 '준프로'라는 뜻으로 프로에 준하는 단계에 있는 운동선수를 뜻한다. 우리나라에서는 보기 힘들지만, 해외에는 꽤 있다. 영국의 프로축구리그에서는 원래 직업은 의사이면서 프로 리그에서 뛰는 선수가 화제에 오른 적이 있다. 이 사람의 경우 원래 직업은 의사인데 축구를 너무 잘해서 프로 선수로도 겸업해 프로 경기에서 뛰기도 한다. 세미프로란 이러한 경우처럼 따로 직업이 있지만 동시에 경기에도 출전해 수당을 받는 프로 선수를 뜻한다.

우리나라에서 세미프로로 운영되는 프로 구단도 있는데 바로 대한민국 여자프로축구(WK)리그이다. WK리그는 이름으로만 보면 프로 리그처럼 보이지만 실업팀처럼 세미프로 체제로 운영되고 있다. 그 이유는 완전한 프로 상태가 되면 전국체육대회 등 아마추어만 참가할 수 있는 대회에 참가할 수 없기 때문이다. 비록 겉모양은 아마추어 형태이지만, 실제로는 외국인 용병을 영입하는 등 마치 프로 구단처럼 운영하고 있다. 그래서 이러한 프로 구단을 세미프로라고 부르기도 한다. 이와 비슷한 형식으로 운영되는 구단으로는 남자축구 3부 리그인 K3 리그, 4부 리그인 K4 리그등이 있다. 어떠한 의미에서는 대부분의 실업팀 역시 세미프로라고 볼 수도 있다.

직업 운동선수가 되는 다양한 길

직업이란 지속적인 수입을 얻을 목적으로 어떤 일을 갖는 것을 뜻한다. 따라서 운동선수 역시 지속적인 수입을 얻는 상태가 되었을 때 비로소 직업 운동선수가 되었다고 할 수 있다. 이러한 직업 운동선수가 되는 길은 단지 프로 구단에 들어가는 방법만 있는 게 아니다. 세미프로 구단, 실업팀에 들어가는 방법도 있다. 특히 세미프로란 자신의 직업을 가지고 투잡으로 운동선수를 하는 경우를 포함하므로 직업 운동선수의 길은 다양하게 열려 있다고 볼 수 있다.

직업 운동선수에게 중요한 점은 일정한 수입을 올릴 수 있느냐에 달렸다고 볼 수 있다. 현재로서는 프로 구단이나 실업팀 등으로 제한되어 있지만 1인 유튜버라는 직업이 새로 생긴 것처럼 앞으로는 직업 운동선수의 길도 다양하게 펼쳐질 것이라 예상된다.

예를 들어 운동선수들이 유튜브를 개설해 다양한 운동 장면을 보여줌으로써 인기 유튜버가 된 경우도 여럿 등장하고 있다. 그뿐 아니라 일부 종목의 경우 자신만의 퍼포먼스(신체를 이용한 표현 행위)를 개발해 행사 등을 다니며 묘기를 보여줌으로써 직업 운동선수의 길을 열어가는 사람들도 있다. 과거에는 이미 정해진 직업만 있는 줄 알고 그 직업에 들어가기 위해 노력했으나 이제는 얼마든지 창의적 아이디어로 자신만의 직업을 만들어낼 수 있는 시대가 왔다. 따라서 앞으로는 직업 운동선수의 길 역시 다양하게 펼쳐지리라 예상된다.

4대 프로 리그의
역사

프로축구

현재 우리나라 스포츠에는 축구, 야구, 농구, 배구, 골프, 권투, 레슬링 등의 분야에서 프로 선수 제도가 시행되고 있다. 그중 축구, 야구, 농구, 배구 등의 4대 종목에서 프로 리그가 운영되고 있다. 이 중 프로축구리그에 대해 알아보자.

우리나라 프로축구는 한국프로축구연맹이 주관하는 K리그가 대표적이다. K리그는 대한민국 프로축구리그의 K리그 1과 K리그 2를 합한 이름으로 이 중 K리그 1은 최상위에 있는 1부 리그라 할 수 있다. K리그 2는 2부 리그에 속한 그룹이다. K리그를 1부 리그와 2부 리그로 나누어 운영하는 것은 2013년부터 시행됐다. 이 중 K리그 1에는 12개 팀(2022년 기준)이 참여하고 있다. 이때 1부 리그의 최종 순위를 따져 하위 2팀이 다음 해 2부 리그로 강등된다.

2022년 성적을 기준으로 K리그 1의 12개 팀과 K리그 2의 11개 팀의 명단은 다음과 같다. 각 팀은 지역 연고를 기준으로 편성되어 있다.

〈K리그 1〉

❶ 울산 현대 ❷ 전북 현대 ❸ 포항 스틸러스 ❹ 인천 유나이티드 ❺ 제주 유나이티드 ❻ 강원FC ❼ 수원FC ❽ 대구FC ❾ FC 서울 ❿ 수원 삼성 ⓫ 김천상무 ⓬ 성남FC

〈K리그 2〉

❶ 광주FC ❷ 대전 하나 시티즌 ❸ 안양FC ❹ 경남FC ❺ 부천 FC 1995 ❻ 충남 아산FC ❼ 서울이랜드FC ❽ 김포FC ❾ 안산 그리너스FC ❿ 부산 아이파크 ⓫ 전남 드래곤즈

2022년 성적에 따라 K리그 1에서 11위와 12위를 차지한 김천상무와 성남FC는 2023년에 K리그 2로 강등됐고, K리그 2에서 1위와 2위를 차지한 광주FC와 대전 하나 시티즌은 K리그 1으로 승격됐다.

K리그 1의 각 팀 선수단은 팀에 따라 차이가 있지만 대략 30~40명으로 구성된다. 이 중 베스트 11으로 선정된

11명이 주전으로 뛰고 나머지는 백업 자원으로 보충하게 된다. 각 팀은 이 선수들을 데리고 한 시즌 프로 리그 경기만 38경기 정도 치르게 된다.

한국프로축구연맹의 '2021 K리그 구단별 연봉 현황' 발표에 따르면 K리그 1의 선수 1인당 평균 연봉은 2억 4,859만 원으로 나타났다(국내 선수는 2억 747만 원, 외국인 선수 평균은 6억 2,389만 2천 원). 이 중 선수 1인당 평균 연봉이 가장 많은 팀은 전북 현대로 5억 4,220만 8천 원으로 나타났고, 2위는 울산 현대로 4억 8,467만 5천 원으로 나타났다. 이는 전체 선수 평균 연봉의 2배에 달하는 금액으로 역시 대기업의 힘이 느껴지는 부분이다.

국내 선수 중 연봉을 가장 많이 받은 선수로는 전북 현대 김보경 선수로 13억 원을 기록했고 외국인 선수로는 대구 FC의 세징야 선수가 14억 8,500만 원을 기록했다.

한편 2부 리그인 K리그 2의 평균 연봉은 어느 정도 될까? K리그 2의 1인당 평균 연봉은 1억 2,228만 6천 원으로 나타났다. K리그 1의 절반 정도에 해당하지만 적지 않은 금액임을 알 수 있다.

프로야구

사실 우리나라에서 최초로 프로 리그가 시작된 분야는

축구가 아니라 야구이다. 1982년 우리나라 최초로 프로야구가 시작되었는데 당시 인기가 하늘을 찌를 듯했다. 이후 40여 년 동안 프로야구는 발전을 거듭했으며 2015년 이후로는 두산 베어스, 삼성 라이온즈, LG 트윈스, KIA 타이거즈, 롯데 자이언츠, 한화 이글스, SSG 랜더스(SK 와이번스), 키움 히어로즈, NC 다이노스 등 10구단 체제로 운영되고 있다.

한국프로야구는 KBO리그라는 이름으로 2022년의 경우 4월 2일에 개막해 10월 10일에 정규경기를 마감했다. 이 기간에 10개의 구단들은 구단별로 각각 144경기를 치르게 된다. 이렇게 해서 결정된 1위~4위 팀끼리 플레이오프를 치른다. 3위와 4위가 5전 3승제로 준플레이오프 경기를 치러 승자가 2위와 역시 5전 3승제로 플레이오프를 치르는 방식이다. 이렇게 해서 승자가 된 팀이 1위 팀과 7전 4승제로 코리안 시리즈를 치러 최종 챔피언을 뽑는 방식으로 진행된다. 이러한 모든 과정을 포스트시즌이라 부르며 2022년 포스트시즌은 10월 13일에 시작되어 11월 9일에 끝났다.

한국야구위원회(KBO)의 2022년 통계 발표에 따르면 2022년 우리나라 프로야구 구단의 프로야구 소속 선수는 총 606명이다. 우리나라 프로야구단은 구단별로 약 60명 내외의 선수로 구성되어 있다.

한편 프로야구는 1부, 2부로 나누는 프로축구와 달리 1군, 2군 제도를 시행하고 있는데, 기존 KBO리그가 1군이라면 퓨처스리그로 불리는 리그가 2군 리그에 해당한다. 이때 프로야구의 2군팀을 대부분 1군팀에서 운영한다는 사실이 프로축구와 다른 점이다. 즉 1군에서 성적이 부진한 선수들은 2군으로 내려가 다시 실력을 회복하는 시간을 가질 수 있다.

한국프로야구위원회(KBO)에서 발표한 2022년 KBO 리그 선수들의 연봉 현황에 따르면 외국인 선수와 신인 선수를 제외한 프로야구 10개 구단에 소속된 선수 527명의 평균 연봉이 1억 5,259만 원으로 나타났다. 이는 프로야구가 출범한 이래로 최고의 금액이며 전체 선수 중 억대 연봉 선수는 총 158명으로 파악되었다. 구단 중에 평균 연봉이 가장 높은 구단은 SSG로 2억 7,044만 원을 기록했고 개인으로는 메이저리그에서 복귀한 김광현 선수가 2022년 연봉만 81억 원이 책정되어 최고 금액을 기록했다. 김광현 선수의 연봉이 유독 높게 책정된 까닭은 프로야구의 경우 자유계약 선수라 하여 다년 계약을 하는 제도가 있는데 4년, 151억 원(옵션 20억 원 포함)에 계약을 체결했기 때문이다. 이를 1년 평균으로 계산하면 37억 7,500만 원인데, 연도마다 다르게 연봉을 책정해 이런 결과가 나온 것이다.

프로농구

과거 우리나라는 대학농구의 인기가 매우 높았던 시절이 있다. 당시 허재 선수를 필두로 한 중앙대가 인기를 끌기 시작하다가 이상민, 서장훈 등을 보유한 연세대가 인기를 끌면서 우리나라의 농구 인기를 폭발시켰다. 당시 농구대잔치라는 대회가 있었는데 여기에는 대학팀과 실업팀이 모두 참가할 수 있었다. 그런데 대학팀인 연세대가 실업팀 최강자인 기아자동차를 누르고 우승하면서 농구의 인기는 절정을 이루었다. 이러한 인기를 바탕으로 대한민국 농구는 한국프로농구연맹(KBL)을 결성하고 1996년 프로 리그를 탄생시키기에 이른다.

농구는 실내 경기가 가능하므로 프로야구와 프로축구가 끝난 겨울 시즌에 리그를 운영하는 것이 관중을 끌어모으기에 유리하다. 이 때문에 KBL 리그는 10월에서 이듬해 3월까지 열린다. 이러한 이유로 프로농구를 겨울 스포츠로 분류하기도 한다.

2022~2023년 KBL 리그는 2022년 10월 15일에서 2023년 3월 29일까지 리그가 진행되었다. 2022~2023년 KBL 리그 참가팀은 총 10개 팀으로 서울 SK 나이츠, 안양 KGC

인삼공사, 수원 kt 소닉붐, 고양 캐롯 점퍼스, 울산 현대모비스 피버스, 대구 한국가스공사 페가수스, 창원 LG 세이커스, 원주 DB 프로미, 전주 KCC 이지스, 서울 삼성 썬더스로 이루어져 있으며 각 팀은 팀당 54경기를 치른다.

프로농구의 경우 일주일 내내 경기가 열리는데 월요일부터 목요일까지는 하루 1경기가 치러지고, 금요일은 하루 2경기가 열린다. 그리고 주말 및 공휴일에는 3경기씩 펼쳐져 관중들의 관심이 끊기지 않도록 하는 시스템을 갖추고 있다. 경기는 평일에는 오후 7시, 주말에는 오후 2시와 4시에 각각 열린다.

그렇다면 프로야구나 프로축구보다 덜 알려진 프로농구의 인기는 어느 정도일까? 각 스포츠의 인기도는 평균 관중 수로 대략 짐작할 수 있는데 프로농구의 경우 3천 명 내외의 평균 관중 수를 기록하고 있다. 실내체육관에서 벌어진다는 점을 고려하면 결코 적은 관중이라고 볼 수 없다.

한국프로농구연맹의 발표에 따르면 2022년 기준 한국프로농구는 전체 10개 구단에 총 155명(한국인 선수 기준)이 등록되어 있으며, 1인당 평균 연봉은 1억 6천만 원으로 나타났다. 개인 선수 중에서는 SK 김선형 선수가 8억 원(연봉 5억 6천만 원 + 인센티브 2억 4천만 원)으로 최고 연봉을 기록했다. 각 구단은 15~20명 정도의 선수를 보유하고 있는 상황이다.

한편 한국프로농구에는 여자프로농구연맹(WKBL)이 따로 결성되어 있다. 2022년 기준 여자프로농구연맹에 가입한 팀은 삼성생명 블루밍스, 신한은행 에스버드, 우리은행 우리WON, 하나은행 하나원큐, BNK 썸, KB스타즈 6개 팀으로 구성되어 있다. 팀당 15명 내외의 선수로 구성되어 있으며 남자 경기와 비슷한 일정으로 경기가 진행된다.

2022년 기준 여자프로농구의 최고 연봉은 우리은행 김단비 선수의 4억 5천만 원이다. 전체 선수 86명 중 1억 원 이상의 연봉을 기록한 선수는 27명으로 나타났다.

프로배구

축구와 야구, 농구와 더불어 배구 역시 인기 스포츠 분야에 포함되는 운동이다. 프로배구가 생기기 전에 실업팀 배구대회의 인기는 농구 못지않았다. 배구 경기의 경우, 두 번의 토스 끝에 세 번째 스파이크를 때리는 경기 방식 때문에 경기장의 열기는 후끈 달아오른다. 경기가 고조되면 체육관을 가득 메운 관중들은 마치 하나가 된 듯 선수가 토스할 때마다 하나, 둘, 셋을 외치면서 응원을 하기 때문이다. 여기에 김세진, 신진식 등의 스타가 배출되면서 배구의 인기도 치솟았다.

이런 인기를 바탕으로 야구, 축구, 농구에 이어 2005년에 프로배구 리그가 탄생하기에 이른다. 정식 명칭은 V리그이며 농구와 마찬가지로 실내에서 경기를 하기 때문에 매년 10월 말에서 이듬해 4월까지 겨울을 거치며 경기가 열린다.

2022년 기준 한국프로배구연맹에 등록된 팀은 남자부의 경우, 인천 대한항공 점보스, 서울 우리카드 우리WON, 안산 OK금융그룹 읏맨, 천안 현대캐피탈 스카이워커스, 수원 한국전력 빅스톰, 대전 삼성화재 블루팡스, 의정부 KB손해보험 스타즈로 구성된 7개 팀이다. 여자부의 경우, 현대건설 힐스테이트, 한국도로공사 하이패스 배구단, KGC인삼공사 프로배구단, 흥국생명 핑크스파이더스, GS 칼텍스 KIXX, IBK 기업은행 알토스, 페퍼저축은행 AI 페퍼스로 구성된 7개 팀이다. 남녀 각 팀은 팀당 20명 내외의 선수로 구성되어 있다. V리그는 남녀 각각 7개 팀이 한 시즌 동안 6라운드씩 팀당 총 36경기를 치르며 승부를 겨루게 된다.

한국프로배구(V리그) 평균 연봉은 2022~2023시즌 기준으로 남자부의 경우 2억 2,600만 원이고 여자부의 경우 1억 3,400만 원이다. 남자부의 경우, 한선수 선수가 10억 8천만 원으로 최고 연봉에 이름을 올렸고, 여자부의 경우 김

연경 선수가 7억 7,500만 원으로 최고 연봉 선수에 이름을
올렸다.

그 밖의
프로스포츠 역사

프로골프

우리나라에서 프로스포츠협회가 설립된 운동 분야 중 하나가 골프이다. 한국프로골프협회(KPGA)는 1968년도에 설립되었기 때문에 야구나 축구보다 먼저 프로스포츠가 시작된 분야라고 할 수 있다. 한국프로골프협회가 이처럼 일찍 설립된 이유는 프로 골퍼의 자질과 기술을 향상시켜 국위를 선양할 목적이 컸기 때문이다. 한편 여자 프로골프는 1988년 한국프로골프협회에서 분리되어 나온 후 1991년 독자적으로 한국여자프로골프협회(KLPGA)를 설립해 운영하고 있다.

그런데 골프의 경우, 팀 경기가 아니라 개인경기로 시합이 열리기 때문에 팀 경기로 이루어지는 축구, 야구, 농구,

배구처럼 따로 프로 구단이 만들어져 있지 않다. 따라서 프로골프 선수가 되기 위해서는 개인 프로골프 자격증을 따야 한다. 우리나라에서 프로골프 자격증을 따는 방법은 여러 가지가 있다.

　먼저 가장 공신력 있는 협회인 한국프로골프협회나 한국여자프로골프협회에서 프로(준회원)나 투어프로(정회원)의 자격을 따면 된다. 투어프로란 투어(협회에서 주관하는 골프경기대회)에 참가할 수 있는 프로 자격을 뜻한다. 다음으로 티칭프로라는 것이 있는데 이는 미국골프지도자협회에서 주는 자격이다. 이러한 자격을 따기 위해서는 예선 선발전, 본선 선발전, 입문 교육 이수 등의 과정을 거쳐야 한다. 1년에 3번의 선발전이 있는데 이 선발전에 합격하면 프로의 자격을 따게 된다. 한 번 선발할 때 대략 50~80명을 선발하므로 이 순위 안에 들면 프로의 자격을 얻을 수 있다.

　프로의 자격을 갖추면 프로 선수가 된 것은 맞지만 아직 프로 투어에 참가할 수는 없다. 이를 위해서는 다시 예선 2라운드, 본선 4라운드를 통과해야 비로소 경기에 참가하는 투어프로가 될 수 있다. 투어프로는 연간 2번, 각각 50명씩 선발하므로 상위 50위 안에 들면 합격할 수 있다.

　프로골프 선수들은 팀에 속해 활동하는 것이 아니기 때문에 주된 수입원은 투어대회의 상금이다. 이때 투어는 우리나라 대회만 나가는 것이 아니라 전 세계 대회를 돌기 때문에 상위에 입상한 선수들의 연 수입은 상상을 초월한다. 우리나라는 여자 프로골퍼의 실력이 세계적 수준으로, 역대 상금 총액을 보면 박인비 선수와 박세리 선수가 최상위권에 있다.

우리나라에서 열리는 대회를 살펴보면 우리나라에서만 활동하는 프로골프 선수들의 수입을 대략 파악할 수 있다. 우리나라 프로골프협회(KPGA)에서 주최하는 투어는 코리안투어와 스릭슨투어로 나뉜다. 여기서 투어란 단순히 하나의 대회를 뜻하는 것이 아니라 야구의 시리즈처럼 한 시즌 동안 열리는 여러 대회를 합한 용어이다.

먼저 코리안투어는 우리나라 프로골프 최상위 1부 투어를 뜻하며 매 시합 총상금은 시합의 레벨에 따라 다르다. 보통 약 5억 원에서부터 14억 원 정도를 왔다 갔다 한다. 만약 5억짜리 대회라고 했을 때 우승 상금은 1억 원, 준우승 상금은 5천만 원이다. 프로골프 대회에서 주목할 점은 60등까지 상금을 배분해 나누어 준다는 사실이다. 왜냐하면 프로골퍼의 주 수입원이 대회 상금이기 때문이다. 3등부터 10등까지는 2천만 원에서 1천만 원 정도의 상금이 지급된다. 나머지 11등에서 60등에게도 이런 식으로 총상금에서 지급된다. 총상금 5억 원 정도 규모의 대회에서 60등을 했더라도 200만 원 내외의 상금을 받는다. 코리안투어에서 상금이 가장 큰 대회에서 우승하면 우승 상금이 4억 5천만 원이므로 적지 않은 금액을 받게 된다.

한편 한국프로골프의 2부 투어인 스릭슨투어의 경우 매년 4월부터 10월까지 총 20개의 대회가 열리는데 총상금이 1억 원 이하인 경우가 대부분이다.

프로골프 선수들의 수입원은 상금 외에 스폰서 수입이라는 게 있다. 스폰서 수입은 1부 투어인 코리안투어 자격이 되는 선수들에게 붙는 수입이다. 코리안투어에 나갈 자격을 얻기 위해서는 매년 상금 랭킹 60위 안에 들어가야 한다. 그래야 다음 연도 코리안투어 자격이 유지되며 여기에서 떨어진 선수들은 다시 시합을 거쳐서 자격을 갖추어야 올라올 수 있다. 이렇게 코리안투어 자격을 유지한 사람들은 평균적으로 1년에 3천만 원에서 1억 원 정도의 스폰서 수입을 얻게 된다. 이런 기준으로 2021년 우리나라 프로골퍼의 수입을 살펴보면 상금 랭킹 60위 기준으로 7,700만 원이며, 1위의 경우 7억 7,000만 원으로 나타났다.

한편 한국여자프로골프(KLPGA)의 경우 2022년 기준 총 33개 대회가 열렸으며 대회당 상금 규모는 9억 원에 달했다. 〈아시아경제〉의 조사 결과에 의하면 2022년 시즌 상금 순위에 이름을 올린 선수들의 평균 상금액은 약 2억 3,025

만 원이었다. 이는 상금액만 따진 금액이므로 스폰서 수입까지 더하면 실제 수입은 이보다 더 클 것으로 예상된다. 또 이것은 순수한 국내 대회 수입만 본 것이므로 국제대회에 입상할 경우 수입은 더 늘어날 수 있다.

골프계에서는 투어에 참가하려면 많은 비용이 들기 때문에 상금 순위 30위 안에 들어야 적자를 면할 수 있고, 30위 이후로는 상금보다 지출하는 비용이 더 크다는 이야기를 많이 한다. 즉 프로골프의 경우 개인 단위로 움직이기 때문에 성적이 상위권에 들지 않으면 안정된 수입을 보장받지 못한다는 문제를 안고 있다.

프로당구

잘 알려지지 않았지만 우리나라에는 당구 프로 대회가 열리고 있다. 프로스포츠의 발전에 따라 당구 분야에서도 프로 리그를 꿈꾸게 되었고 드디어 2019년 프로당구협회(PBA) 출범식과 함께 프로당구 투어가 시작되었다.

프로당구는 팀 경기를 할 수 있기 때문에 농구나 배구처럼 구단 방식으로 운영되고 있다. 현재 프로당구협회에 등록된 프로당구 구단은 2023년 기준으로 SY(23년 창단), 웰컴저축은행, 블루원 리조트, SK렌터카, NH농협카드, 크라운해태, 하나카드, 휴온스, 하이원 리조트(TS샴푸-푸라닭 인

수) 등 9개 팀으로 구성되어 있다. 각 팀은 팀 리더를 포함한 남녀 6~8명의 선수단으로 구성된다.

한국프로당구는 프로당구 리그를 운영하고 있는데 2022~2023년 시즌의 경우 정규리그가 2022년 8월 5일부터 2023년 1월 14까지 열렸다. 정규리그를 통하여 팀 순위를 결정하고 리그 2위와 3위 팀이 플레이오프를 펼쳐 1위와 챔피언 결정전을 통하여 최종 우승팀을 가리게 된다. 경기 운영 방식은 남자복식, 여자복식, 남자단식, 여자단식, 혼합복식 등으로 나뉘어 치러진다.

프로당구 선수들의 연봉은 어느 정도 될까? 사실 프로당구는 2019년에 출범했기 때문에 아직 자리를 잡지 못한 상황이다. 이 때문에 프로당구 선수들의 연봉은 일반 직장인들과 비슷하다. 하지만 프로당구의 경우 개인전도 열리며 이때 대회 상금이 지급되기 때문에 추가 수입을 올릴 수 있다.

개인전 대회 상금은 골프에 비해 낮지만 프로당구협회 1부 투어 대회 남자 개인대회의 경우 총상금이 2억 5천만 원 정도 된다. 이 대회에서 1등할 경우 1억 원의 상금을 받게 된다. 나머지 상금은 2등부터 64강에 든 선수까지 차등하여 지급하게 된다. 만약 64강에 머물렀다면 100만 원 정도의 상금을 받게 된다. 여자 개인대회의 총상금은 5천만 원 정도로 매우 낮다. 이 대회는 우승해도 상금으로 약 2천만 원을 받게 되며 64강에 머물 경우 약 15만 원을 받는다.

프로당구의 경우 이제 시작 단계에 불과하기 때문에 수입이 높지 않지만 앞으로 인기를 끌고 발전할 경우 수입은 당연히 높아질 것이다.

프로권투

프로권투는 과거에 인기가 높았던 스포츠 분야이다. 홍수환 선수가 지옥에서 온 사자라 불리는 카라스키야에게 4번이나 다운을 당하고도 다시 일어나 역전 KO승을 거두고 챔피언이 된 장면은 우리나라 프로권투 역사에서 최고의 명장면이다. 당시 프로권투의 인기가 어느 정도였느냐 하면 세계 타이틀전이 열리는 날에는 거리가 조용할 정도였다.

하지만 현재 프로권투는 여러 프로스포츠에 밀려 이름만 유지하고 있는 상태다. 과거에 프로권투에서 세계 챔피언이 되면 이름도 날리고 큰돈도 벌 수 있었으나 지금은 우리나라 선수 중 누가 세계 챔피언인지, 세계 챔피언이 있기나 한지 관심도 없을 정도다. 15년간(2008~2023) 무패를 기록하며 세계 챔피언 타이틀 10차 방어전을 이어가고 있는 최현미 챔피언이 후원해 주는 스폰서가 없어 경제적 문제 때문에 챔피언 타이틀을 반환할 뻔한 사건은 유명한 일화로 남아 있다.

챔피언의 상황이 이 정도라면 나머지 프로권투 선수들의 생활은 말할 필요도 없다. 대부분의 프로권투 선수들은 시합만으로는 생계를 유지할 수 없어 따로 아르바이트를 하며 돈을 벌어야 하는 상황이다. 현재 프로권투는 프로라는 말을 붙이기 어려운 상황까지 와 있다고 할 수 있다. 한국권투협회 자료에 따르면 2022년 기준 협회에 등록되어 있는 우리나라 프로권투 선수는 남자 285명, 여자 15명이 전부다.

프로볼링

우리나라에서 볼링은 일반인들이 즐기는 스포츠 종목 중하나이다. 이 때문에 주변 가까운 곳에 볼링장 한두 군데는 어렵지 않게 찾아볼 수 있다. 하지만 볼링은 올림픽 종목으로 채택되어 있지 않기 때문에(1988년 서울올림픽 때 한 번시범 종목으로 채택된 적만 있다) 볼링부를 운영하는 학교는 거의 찾아보기 힘든 상황이다. 그럼에도 불구하고 볼링은 많은 사람들이 쉽게 접할 수 있는 이유로 이미 한국프로볼링협회(KPBA)가 구성되어 있다. 우리나라의 프로볼링협회는 놀랍게도 미국, 일본에 이어 1995년 세계에서 3번째로 세워졌다. 이때부터 프로볼링 선수를 뽑기 시작했으며 꾸준히 프로볼링대회를 개최하고 있다.

프로볼링 선수가 되기 위해서는 한국프로볼링협회에서 실시하는 프로 테스트에 참가해 합격해야 한다. 조건은 1차 실기, 2차 실기를 통과한 후 3차 교육과정을 통과해야 한다. 특히 1차 실기에서는 남자의 경우 애버리지 190점을 넘어야 하고 여자의 경우 애버리지 185점을 넘어야 한다. 한편 실업 선수로 활동했거나 국가대표로 활동한 경력이 있는 선수들은 1차, 2차 실기는 면제해 주며 3차 교육만 통과하면 프로볼러 자격을 얻게 된다. 이렇게 하여 프로볼링 선수 자격을 얻게 되면 한국프로볼링협회에서 주관하는 각종 대회에 참가할 수 있다.

프로볼러는 각종 볼링단체의 지도자로 활동해 수입을 얻을 수도 있고 프로볼링대회에 참가해 상금을 획득해 수입을 얻을 수도 있다. 이 외에 스폰서를 통한 수입도 기대할 수 있다.

직업으로 성공할 수 있는
인기 운동 1

우리나라 인기 운동 분야

운동선수로 활동하면서 직업으로 삼을 수 있는 분야는 무척 많다. 이때 인기 운동 분야를 직업으로 삼는다면 그만큼 성공할 확률은 더 높아질 것이다. 2022년 〈데일스포츠한국〉이 한국여론평판연구소(KOPRA)에 의뢰해 조사한 결과에 의하면 한국인이 좋아하는 스포츠 순위는 다음과 같이 나타났다.

❶ 축구: 29.7%

❷ 야구: 19.1%

❸ 골프: 5.0%

❹ 배구: 4.7%

❺ 배드민턴: 4.5%

❻ 농구: 3.6%

❼ 수영: 3.6%

이 조사를 바탕으로 인기 프로스포츠를 제외한 직업으로
성공할 수 있는 인기 운동 분야로 수영, 배드민턴 분야를
다뤄보기로 하겠다. 여기에 태권도, 씨름을 추가했는데 이
는 태권도의 경우 초등학교 때 보편적으로 가장 많이 하고
있는 운동이고, 씨름의 경우 인기 스포츠로 떠오르고 있기
때문이다.

수영

우리나라에서 수영은 굳이 선수를 하지 않더라도 어릴
때부터 보편적으로 많이 하는 운동이다. 전국 어디를 가든
지 쉽게 수영장을 접할 수 있고 많은 사람이 수영을 배우
고 있다. 이런 가운데 박태환 선수가 베이징 올림픽에서 금
메달을 따냄으로써 수영 선수에 대한 관심도 폭발적으로
높아졌다. 그렇다면 과연 수영 선수로도 직업인이 될 수 있
을까?

프로스포츠가 없는 운동 분야의 경우, 대부분 실업팀에
서 선수 활동을 이어나간다. 다행히도 우리나라에서는 이

런 운동선수들도 직업으로 이어나갈 수 있는 장치가 되어 있다. 국민체육진흥법 제10조 4항에서 공공기관 가운데 대통령령으로 정하는 기관에는 한 종목 이상 운동경기부를 설치·운영해야 한다는 조항이 있다. 그렇다면 공공기관 가운데 대통령령으로 정하는 기관은 어디일까? 이는 동법 시행령 제7조 2항에 명확히 나와 있다. 상시 근무자가 1천 명 이상이 일하는 공공기관이 대통령령으로 정한 공공기관에 해당하는 것이다. 이런 기준으로 볼 때 웬만한 규모의 지방자치단체와 무수한 공기업이 여기에 해당한다.

이런 이유로 많은 지방자치단체와 공공기관에는 운동부가 따로 설치되어 있다. 가장 큰 지방자치단체라고 할 수 있는 서울시청의 경우 서울시청 선수단을 구성해 운영하고 있는데 비장애인 선수단으로 24팀, 185명을 고용하고 있으며 장애인 선수단으로도 8팀, 45명을 고용하고 있다(2023년 4월 기준). 이들은 모두 체육 분야의 전문기관인 서울시체육회 및 서울시장애인체육회에 맡겨져 운영되고 있다.

이런 시스템 덕분에 수영 선수들은 학교를 졸업하고도 계속 수영 선수로서 직업을 이어나갈 수 있다. 물론 여기에 들어가려면 좋은 성적과 실력을 갖추어야 할 것이다. 만약 이런 실업팀에 들어가지 못한다 하더라도 전국의 수많은 수영장에서 수영강사로 활동할 수 있기에 수영선수의 직업 선택은 다른 운동 분야보다는 폭이 넓은 편이다.

배드민턴

배드민턴은 남녀노소 가리지 않고 쉽게 접근할 수 있는 운동으로 이미 생활체육으로 자리 잡았으며 인기가 높다. 특히 올림픽에서 꾸준히 금메달을 따냄으로써 전문 운동 분야로서도 주목받고 있다. 이 때문에 전국의 초·중·고 등학교에서 배드민턴부가 운영되고 있다. 학교를 졸업하면 전국의 지방자치단체 등에서 운영하는 실업팀에 소속되는 데, 남자 18개 팀과 여자 14개 팀 등 총 32개의 팀이 운영되고 있다. 이 때문에 배드민턴 운동선수를 직업으로 갖고자 한다면 다른 분야에 비해 폭이 넓다고 할 수 있다. 대회 역시 대한배드민턴협회 주관으로 1월부터 3월까지 배드민턴 코리아리그를 운영하고 있다.

배드민턴 선수들은 아마추어로서 지자체에 소속되어 활동하기 때문에 직장인 정도의 연봉을 받는다. 이런 수입에 만족하지 못한다면 전국에 수많은 배드민턴 클럽을 대상으로 아카데미를 열거나 레슨 등을 통하여 수입을 얻는 방법도 생각해 볼 수 있다.

태권도

우리나라에서 태권도 도장은 태권도 종주국(처음 시작한 나라)답게 동네마다 거의 하나 이상 볼 수 있을 정도로 흔하다. 태권도 도장이 이처럼 많다는 것은 그만큼 태권도 선수들이 도장 운영을 많이 한다는 뜻이기도 하다.

한편 태권도는 우리나라가 종주국으로서 올림픽 메달을 거의 석권하고 있는 종목이다. 이 덕분에 전국의 수많은 지방자치단체에서 태권도 실업팀을 운영하고 있기도 하다. 다음은 한국태권도실업연맹에 가입되어 있는 전국의 지자체 및 기업 명단이다.

강원도체육회 / 강화군청 / 고양시청 / 김제시청 / 김포시청 / 김해시체육회 / 대전광역시청 / 동래구청 / 삼성에스원 / 서울시청 / 서천군청 / 성남시청 / 성주군청 / 수성구청 / 수영구청 / 수원시청 / 안산시청 / 영천시청 / 용인시청 / 인천동구청 / 전주시청 / 제주도청 / 중랑구청 / 진천군청 / 철원군청 / 청주시청 / 춘천시청 / 충남도청 / 포천시청 / 포항시체육회 / 한국가스공사 / 홍천군청

이 명단을 잘 살펴보면 단순히 지자체만 있는 것이 아니라 '삼성에스원' 같은 일반 기업과 '한국가스공사' 같은 공

기업까지 포함되어 있는 것이 눈에 띈다. 이런 기업들이 포함되어 있으면 운동선수 입장에서는 더 나은 복지와 높은 연봉을 기대할 수 있기 때문에 유리하다. 또한 태권도 선수는 실업팀에 들어가지 않더라도 전국의 태권도 도장에서 일하는 등 직업의 폭이 매우 넓다고 할 수 있다.

민속 씨름

씨름은 우리나라의 전통 민속경기이기 때문에 비록 프로 협회가 세워져 있지 않지만 인기 스포츠에 속한다고 할 수 있다. 과거 이만기, 강호동 선수가 활약하던 당시 씨름의 인기는 대단했다. 당시 전 국민의 눈이 이만기 선수와 강호동 선수의 대결에 향해 있을 정도로 씨름의 인기는 폭발적이었다. 이후 스타가 배출되지 않으면서 씨름의 인기가 주춤했지만, 최근 TV 방송에서 〈씨름의 제왕〉, 〈씨름의 여왕〉 등의 프로그램을 방영하면서 다시 인기가 높아지고 있다.

우리나라의 씨름 대회를 주관하고 있는 대한씨름협회의 자료에 따르면, 2023년 기준 우리나라의 지방자치단체에서 운영하고 있는 씨름단은 남자부 19개, 여자부 6개로 총 25팀으로 파악되고 있다. 특징적인 것은 씨름단의 경우 100퍼센트 지방자치단체에 의해 운영되고 있다는 사실이다. 아무래도 씨름이 우리나라 전통 스포츠이기 때문에 나타난 결과로 보인다. 씨름단의 현황은 다음과 같다.

〈남자 씨름단〉

• 서울특별시 동작구청 씨름단
• 부산광역시 부산갈매기 씨름단
• 인천광역시 연수구청 씨름단
• 울산광역시 울주군청 씨름단
• 경기도 용인시청 씨름단
• 경기도 수원시청 씨름단
• 경기도 광주시청 씨름단
• 경기도 양평군청 씨름단
• 강원도 영월군청 씨름단
• 충청북도 증평군청 씨름단
• 충청남도 태안군청 씨름단
• 충청남도 MG새마을금고 씨름단
• 전라북도 정읍시청 씨름단
• 전라남도 영암군 민속씨름단
• 경상북도 의성군청 씨름단
• 경상북도 문경시청 씨름단
• 경상북도 구미시청 씨름단
• 경상남도 창원시청 씨름단

• 제주특별자치도청 씨름단

〈여자 씨름단〉

• 경기도 안산시청 씨름단

• 경기도 화성시청 씨름단

• 충청북도 괴산군청 씨름단

• 충청북도 영동군청 씨름단

• 경상남도 거제시청 씨름단

• 전라남도 구례군청 반달곰씨름단

씨름의 인기는 다시 높아지고 있기 때문에 이 외에도 더 많은 씨름단이 세워질 것으로 예상된다. 실제 2021년 경상북도 울주군청 해뜨미 씨름단이 새롭게 창단되기도 했다. 이처럼 씨름은 인기 스포츠이기 때문에 그 미래가 밝다고 할 수 있다.

한편 씨름 선수는 프로가 아니기 때문에 소속 단체의 직원에 준하는 연봉을 받는다. 그럼에도 불구하고 장사 타이틀이 있으며 상위권 성적을 내는 선수들의 연봉은 억대가 넘는다. 장사 타이틀은 없지만 상위권 성적을 낸다면 6천에서 8천만 원 정도의 연봉을 예상할 수 있으며, 중상위권 성적의 선수들은 보통 직장인 정도의 연봉을 받는다고 생각하면 된다. 씨름 대회는 단체전과 개인전으로 나뉘어 열리므로 개인전에 나가서 상금을 받는다면 추가 수입을 올릴 수 있는 장점이 있다.

직업으로 성공할 수 있는
인기 운동 2

핸드볼

핸드볼은 대중적으로 인기 스포츠는 아니지만 올림픽에서 좋은 성적을 거둠으로써 우리나라 사람들이 관심을 보이는 종목에 포함되어 있다. 우리나라에서 핸드볼이 인기를 끌기 시작한 것은 1984 로스앤젤레스 올림픽에서 우리나라 여자 핸드볼이 은메달을 따면서부터다. 이후 우리나라 핸드볼은 2012 런던 올림픽까지 모두 4강에 드는 놀라운 성적을 거두었다. 이 기간에 금메달도 2개나 땄기 때문에 이만하면 대중적으로도 농구나 배구처럼 인기를 끌 것으로 기대되었다. 하지만 올림픽만 끝나면 핸드볼의 인기는 다시 떨어지는 일이 반복되었다.

전국적으로 운영되고 있는 핸드볼 실업팀은 그리 많지

않다. 현재 대한핸드볼협회에 등록된 여자부 핸드볼 실업팀은 경남개발공사, 광주도시공사, 대구시청, 부산시설공단, 삼척시청, 서울시청, 인천시청, SK 슈가글라이더즈 등 8개 팀이다. 남자부의 경우 상무 피닉스, 두산, 인천도시공사, 충남도청, SK 호크스, 하남시청 등 6개 팀이다. 핸드볼은 단체 경기이기 때문에 실업팀을 운영하기 위해서는 15~20명의 선수단을 구성해야 한다. 그러므로 핸드볼팀을 운영하는 데 많은 비용이 들기 때문에 팀 수가 적다고 볼 수 있다.

대한핸드볼협회에서는 11월부터 다음 해 4월까지 진행되는 핸드볼코리아리그를 운영하고 있다. 핸드볼의 올림픽 성적은 거의 여자 핸드볼에서 거두었기 때문에 남자보다 여자 핸드볼의 인기가 높다. 이 때문에 선수들의 연봉 또한 남자 선수보다 여자 선수가 높은 특징이 있다. 물론 프로 선수가 아니라 실업팀 선수이기 때문에 직장인 연봉 정도의 수준에 머물고 있는 것을 예상해야 한다.

테니스

우리나라에서 생활 스포츠로 자리 잡은 테니스는 세계적으로 인기 스포츠 중 하나다. 세계 남자 프로테니스 챔피언의 경우, 1년에 1천억 원이 넘는 수입을 올리는 것으로 알려져 있다. 이 때문에 세계프로테니스협회를 중심으로 수많은 프로 선수들이 활약하고 있으며 세계 랭킹을 매기고 있다. 이러한 랭킹은 각종 대회의 성적을 바탕으로 매기게 된다. 우리나라의 경우 2018년 호주오픈 4강에 올랐던 정현 선수의 19위가 최고 랭킹 순위다.

우리나라에서 이러한 프로테니스 랭킹에 진입해 활동하는 선수는 많지 않다. 우리나라 테니스 선수들의 경우 대부분이 실업팀에서 활약하는 정도에 그치고 있다. NH농협, 현대해상, 당진시청 등 여러 기업과 지방자치단체에서 실업팀을 운영하고 있으며 테니스 선수들은 이곳에서 활약하며 직업을 이어나간다. 물론 이러한 실업팀 선수로 활약할 경우 직장인 정도의 연봉을 받게 되며 프로테니스 랭킹에 들어가서 대회 상금을 받으면 프로 선수다운 연봉을 받을 수 있다. 만약 세계 랭킹 100위권 안에 든다면 억대 연봉 이상을 기대할 수 있다.

탁구

탁구는 동네마다 탁구장이 있을 정도로 우리나라에서 인기 있는 생활 스포츠였다. 올림픽에서도 좋은 성적을 거두어 우리나라에서 중요한 스포츠 종목으로 자리를 잡았지만 이제 동네 탁구장은 거의 없어졌고 탁구의 인기도 예전 같지 않은 상태다. 탁구 선수는 실업팀에 입단함으로써 직업을 이어갈 수 있다. 탁구팀을 운영하고 있는 실업팀은 과거의 명성에 비교할 때 그리 많지 않은 상태다. 탁구 선수들의 연봉 또한 다른 실업팀과 마찬가지로 일반 직장인의 연봉 수준으로 예상할 수 있다.

유도, 사격, 양궁, 펜싱 등

유도와 레슬링, 사격, 양궁, 펜싱, 역도, 빙상 등도 올림픽에서 좋은 성적을 거두어온 대표적 종목들이다. 현재 전국의 여러 단체에서 이 종목과 관련된 실업팀을 운영하고 있다. 이 분야의 선수들은 실업팀에 입단해 직업생활을 이어간다. 물론 이때 받을 수 있는 연봉은 아마추어 선수 수준 또는 직장인 연봉 정도를 받는다.

사실 운동선수로서의 생활은 오랫동안 이어가기 어렵다. 일반 직장인 정도의 연봉을 받아서는 미래를 대비하기 어려운 점이 있다. 그럼에도 불구하고 아마추어 운동선수들이 실업팀 생활을 계속하는 이유는 아마추어 운동선수들의 최종 목표가 이보다 더 높은 데 있기 때문이다. 사실 아마추어 운동선수들의 가장 큰 꿈은 국가대표가 되어 올림픽에 출전하는 것이다.

아마추어 운동선수들은 직업생활을 이어가는 것보다 올

림픽에 초점이 맞춰져 있는 선수가 많다. 이 때문에 아마추어 선수들은 학교에서부터 실업팀에 이르기까지 실력을 닦아 1차적으로는 국가대표 선수가 되는 것을 목표로 삼아 운동을 한다. 국가대표가 된 다음에는 국제대회나 올림픽 등에 참가해 좋은 성적을 쌓는다. 최종적으로 올림픽에서 메달을 딸 경우 평생 연금을 받는 등의 경제적 혜택을 얻을 뿐 아니라 올림픽 메달리스트로서의 인기와 명예를 얻을 수 있다.

운동선수로
얼마나 활동할 수 있을까?

운동선수로 사는 기간은 10~15년

운동선수라는 직업이 다른 직업과 가장 다른 것은 활동할 수 있는 기간이 짧다는 점이다. 종목에 따라 차이가 있긴 하지만 일반적으로 운동선수로 활동할 수 있는 기간은 10~15년에 불과하다. 즉 20대 초반부터 시작한다면 빠르면 30대 초반부터 운동능력이 떨어져 운동선수로서 직업생활을 이어나가기 어려워진다. 일반적으로 운동선수들은 30대 초반이나 중반 정도에 은퇴하므로 운동선수로서의 직업생활은 10~15년에 그치는 것이 대부분이다. 일반 직장인의 경우 30~40년 동안 직장에서 일하지만, 운동선수는 일하며 살아가는 기간이 매우 짧다는 점에서 조금 아쉬울 것 같다. 이 때문에 운동선수들은 운동선수로 활동하는 기간에 최대한 돈을 많이 벌어야 한다는 부담을 가지고 있다. 문제는 이 기간에 돈을 많이 벌 수 있는 운동 분야는 5대 인기 스포츠 정도로 한정되어 있다는 점이다. 축구, 야구, 농구, 배구, 골프 등 5대 인기 스포츠 분야에서 운동선수로 활약해야 그나마 일반인보다 몇 배의 돈을 벌기에 유리하다.

하지만 인기 스포츠 분야가 아닌 비인기 스포츠 분야의 운동선수로 활동하면 일반인 수준의 연봉 이상을 벌기가 힘들다. 운동선수를 직업으로 삼을 수 있는 기간이 10~15년에 불과한데 그 기간에 남들보다 더 많은 수입을 얻을 수 없다는 사실은 미래를 대비해 뭔가 다른 방법을 준비해 두어야 함을 뜻한다. 물론 비인기 스포츠 분야라고 하더라도 뛰어난 성적을 거두면 주목을 받고, 또 올림픽 등과 같은 큰 대회에 나가 좋은 성적을 거두면 연금 등의 혜택을 받으므로 경제적 안정을 이룰 수 있다. 다만 이런 사람들은 극소수에 해당하므로 보편적으로 적용할 수는 없다.

운동선수로 활동하는 기간이 짧은 이유

운동선수들의 활동 기간이 왜 이렇게 짧을 수밖에 없을까? 그것은 인간의 신체활동 능력이 나이에 따라 달라지기 때문이라고 볼 수 있다. 운동학자들의 연구에 따르면 사람은 성장기를 거쳐 20세 전후가 되면 신체적 능력이 완성된다. 신체적 능력은 25세 전후까지 최절정에 달했다가 이후부터는 꺾이게 된다. 그리고 30세가 넘어가면서부터는 신체적 능력이 떨어지기 시작한다. 이것을 스포츠의학에서는 에이징 커브(Aging Curve)라고 부르는데 종목별, 개인별 차이가 있긴 하지만 대체로 20대 중후반에 최절정을 이루었다가 30세가 넘어가면서 하락하는 곡선으로 나타난다. 다음은 야구의 에이징 커브 곡선의 모양이다.

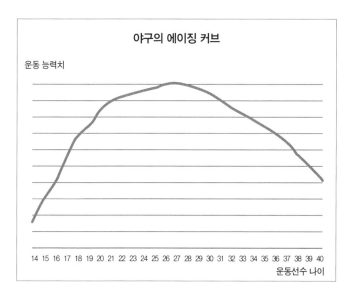

이러한 에이징 커브는 운동 종목별, 개인별로 다르게 나타난다. 일반적으로 격렬하게 움직여야 하는 축구의 경우 에이징 커브의 꺾이는 지점이 평균적으로 20대 중반 정도에 나타난다. 반면 축구보다 덜 격렬한 야구의 경우 에이징 커브의 꺾이는 지점이 평균적으로 20대 후반에 나타난다. 여기서 '평균적으로'라는 말에 주의해야 한다. 앞에서 말한 에이징 커브의 모양은 평균적으로 그렇다는 말이지 개인별로는 전혀 다르게 나타날 수 있음을 알아야 한다.

예를 들어 메이저리그에서 활약한 추신수 선수의 경우 30대에도 절정의 기량을 보여주었으며 40세에 이른 나이까지 은퇴하지 않고 활약했다. 반면 어떤 선수들은 20대 후반에 이미 기량이 떨어지는 경우도 있다. 따라서 에이징 커브는 참고 자료로만 받아들여야지 절대적으로 신뢰해서는 안 된다.

운동선수, 언제까지 할까?

일반 직장인의 경우 법적으로 정해진 퇴직 나이가 있다. 이를 정년이라고 하는데 만 60세 생일이 정년퇴직일이 된다. 그렇다면 운동선수들의 정년은 언제일까? 사실 운동선수들의 정년은 정해진 것이 없으며 본인이 알아서 은퇴를 결정해야 한다. 운동선수들은 주로 체력적 한계에 부딪

힐 때, 경쟁에서 뒤처질 때 은퇴를 결정한다고 알려져 있다. 운동선수들은 경기에 참가하는 것이 일이라고 할 수 있는데 이를 위해서는 기술적 재능이 뛰어난 상태에 있어야 한다. 운동에서 기술적 재능은 기술과 체력으로 이루어진다. 그런데 나이가 들면 체력이 떨어지면서 기술적 재능도 함께 떨어지게 된다. 시간이 지나면서 후배에게 밀리고 경기에 참가하지 못하면 결국 은퇴를 생각하지 않을 수 없다. 운동선수들은 이러한 과정을 통하여 은퇴하게 되는데 종목에 따라 평균적으로 은퇴하는 나이가 조금씩 차이가 있다.

축구나 농구처럼 격렬한 운동은 아무래도 다른 종목에 비해 은퇴 나이가 빨리 찾아온다. 이 때문에 축구나 농구 같은 경우, 스타 선수라 하더라도 대부분 30대 초반에 은퇴를 결정하기도 한다. 반면 야구나 골프 같은 운동은 비교적 늦은 나이까지 선수 생활을 한다. 30대 후반, 심지어 40대 초반까지 선수 생활을 이어가는 경우를 종종 볼 수 있다. 물론 이러한 은퇴의 시기는 종목을 막론하고 스타 선수일 경우에 해당한다. 스타 선수에 포함되었다는 말은 기술적 재능이 뛰어나 경기에서 좋은 성적을 올렸다는 것을 뜻한다. 이 경우 선수들은 몸 관리도 받으면서 계속 경기를 뛰게 되므로 은퇴 시기를 늦출 수 있다. 하지만 스타 선수가 아닌 나머지 선수들의 상황은 이와는 조금 차이가 날 수밖에 없다. 이미 기술적 재능이 조금 떨어지는 상태이므로 주전으로 경기에 나서는 것이 쉽지 않다. 이런 상태에서 나이가 들면 치고 올라오는 후배와 경쟁에서 밀리게 마련이다. 그래서 일반 선수들은 스타 선수들보다 은퇴를 더 일찍 결정할 수밖에 없다. 따라서 스타 선수만이 아닌 전체 선수를 대상으로 한 운동선수들의 평균 은퇴 시기는 더 빨리 찾아올 수밖에 없다.

이와 관련한 통계가 하나 있다. 프로축구 부분에서 중앙대 김종환 교수가 1983년부터 2010년까지 27년 동안 K리그에서 뛴 국내 선수 1,765명을 분석해 축구선수들의 평균 은퇴 연령을 조사한 자료가 있다. 이 자료에 따르면 K리그 선수들의 평균 은퇴 연령은 27~28세로 나타났다. 사람들이 보통 알고 있던 스타 선수들의 은퇴 나이보다 훨씬 젊은 나이이다.

결국 우리가 알고 있던 30대 중후반의 나이에 은퇴하는 경우는 스타 축구선수에 해당하는 이야기이고, 여기에 나머지 일반 선수들까지 모두 포함하면 평균 은퇴 연령은 훨씬 더 낮아질 수밖에 없다. 주전을 꿰차지 못한 일반 선수들은 20대 중후반, 심지어 20대 초반에 유니폼을 벗는 경우도 많다. 20대 초반이면 선수 생활을 시작한 나이인데 어떻게 은퇴할까 생각할 수 있지만, 운동선수들은 부상이 찾아오게 마련이고 이 때문에 눈물을 머금고 은퇴하는 선수들도 제법 많은 것으로 알려져 있다.

축구선수들의 평균 은퇴 나이가 27~28세라는 사실은 축구선수들이 직업 축구선수로 활동하는 기간이 평균 4년 정도밖에 안 된다는 뜻이기도 하다. 왜냐하면 대부분의 프로 축구선수들은 대학을 졸업한 후 프로에 입단하기 때문이다.

물론 이것은 축구에 한정해 나타난 통계이므로 모든 운동 분야에 적용되지 않는다. 그럼에도 불구하고 운동선수라는 직업은 직업 특성상 운동선수로 활동할 수 있는 기간이 다른 직업에 비해 매우 짧을 수밖에 없다. 따라서 운동선수를 꿈꾸는 사람들은 반드시 이러한 직업적 특성을 알고 단지 운동선수만을 준비해서는 안 되고 이후의 미래 직업에 대한 준비도 함께 해야 한다는 사실을 반드시 기억해야 한다. 사실 운동선수라는 직업은 선수로 활동하는 일 외에도 운동 관련 회사, 코치, 레슨, 학원, 방송, 유튜브 등 개발하기에 따라 다양한 직업군에서 일할 수 있다.

세계 최고의 축구 리그를 정복한 손흥민

이제 세계 최고의 축구 스타 중 한 명이 된 손흥민 선수를 모르는 사람은 거의 없다. 손흥민 선수는 어떻게 해서 그 자리까지 갈 수 있었을까?

손흥민 선수는 어릴 때부터 공을 몸에 달고 살 정도로 축구를 좋아했다고 한다. 하지만 축구선수였던 아버지가 부상으로 일찍 은퇴하면서 어려운 가정형편 속에서 자랐다. 그런 손흥민 선수가 축구 실력을 키우게 된 것은 전직 축구선수였던 아버지의 체계적인 훈련 덕분이었다고 할 수 있다. 손흥민 선수의 아버지는 기본을 강조하면서 기본 실력이 몸에 배기 전까지는 그 어떠한 다른 훈련도 시키지 않았다고 한다. 축구선수로서 경기에 참가한 것이 중학교 이후라고 하니 얼마나 기본기 훈련에 매진했는지 짐작할 수 있다. 특히 슈팅 연습을 매일 1,000개씩 하며 슈팅의 기본기를 다진 것은 유명한 일화로 남아 있다.

손흥민 선수는 2008년 당시 동북고등학교 축구선수로 활동하던 중 대한축구협회 우수선수 해외 유학 프로젝트에 선발되면서 축구 인생에서 커다란 기회를 잡게 된다. 이후 독일 분데스리가의 함부르크 SV 유소년팀에 입단했으며 2010년 18살의 나이에 드디어 독일 분데스리가에 데뷔하게 되었다.

손흥민이 초등학교 내내 기본기 훈련만 한 것과 슈팅을 매일 1,000개씩 연습한 결과가 데뷔한 시즌에 실전에서 그대로 나타났다. 손흥민은 FC 쾰른과의 분데스리가 경기에서 월드컵 포르투갈전에서 박지성 선수가 넣었던 골과 비슷한 멋진 골을 터트렸다. 이렇게 손흥민 선수는 데뷔 시즌부터 맹활약을 펼치며 전반기 최우수 신인 선수로 뽑히는 성과를 거두었다.

이후 손흥민 선수의 발전은 그야말로 눈부실 정도였다. 함부르크 SV에서 3시즌 동안 무려 20골을 터트렸다. 무엇보다 주목할 것은 골 하나하나가 매우 멋진 중거리 골이란 점이다. 이것으로 '손흥민 존'이라는 새로운 유행어가 탄생했다. 손흥민은 이러한 성과를 바탕으로 레버쿠젠을 거쳐

세계 최고의 리그인 영국 프리미어리그의 토트넘으로 이적하게 된다. 토트넘으로 이적한 손흥민 선수는 매 시즌 두 자릿수 득점을 기록하며 토트넘 팬들을 열광시켰다. 특히 80미터 단독 드리블로 넣은 골은 최고의 골에 주어지는 푸스카스 상을 수상하며 지금도 프리미어리그 최고의 골로 남아 있다. 손흥민 선수는 2021~2022년 시즌 기어코 프리미어리그 득점왕을 차지하면서 개인적 영예는 물론 대한민국의 이름까지 드높이는 성과를 이루었다.

손흥민 선수의 몸값은 한때 1천억 원이 넘으며 순수 연봉만 177억 원 정도(2023년 기준)로 알려져 있다. 그 외에 스폰서 수익과 광고 수익을 포함하면 이보다 훨씬 많을 것은 쉽게 예상할 수 있다.

2장
운동선수가 되려면
어떻게 해야 할까?

직업 운동선수가
되는 법

학교 운동부에 들어가라!

운동선수라 하면 일단 취미로 하는 운동이 아닌 정식 운동 전문가가 되는 것을 뜻한다. 따라서 운동선수가 되려면 먼저 해당 운동 분야에서 남보다 월등한 실력이 있어야 한다. 만약 초등학교 때부터 운동선수가 되고 싶다고 생각했다면 해당 운동부가 있는 학교에 들어가 운동부의 테스트를 받아 합격해야 한다. 운동부의 테스트에 합격하면 그때부터 운동선수로 사는 생활이 시작되는 것이다.

분야에 따라 차이는 있겠지만 모든 운동은 높은 체력과 기술을 요구하기 때문에 초등학교 때부터 시작해야 늦지 않다고 할 수 있다. 초등학교 운동부는 이제 시작하는 단계이기 때문에 내가 남들보다 그 운동을 조금 잘하거나 신체 조건이 좋을 때 운동부에 뽑히는 경우가 많다. 운동부 코치 선생님은 이런 학생들을 모아 기본기부터 가르치기 시작한다.

하지만 인기 있는 운동부가 있는 학교의 경우, 운동부에 들어가는 것만 해도 경쟁률이 치열하므로 웬만한 실력으로 들어가기 힘든 경우도 있다. 이때는 다른 방법을 통해 체력과 실력을 키운 후 운동부 가입을 선택해야 한다. 어떤 학생들은 초등학교 때는 운동에 관심이 없다가 중학교에 가서야 운동선수의 꿈을 꾸는 경우도 있다. 이때는 자신이 원하는 운동부가 있는 학교가 어느 곳에 있는지 알아본 후 먼저 그 학교 운동부를 찾아가 테스트를 받아봐야 한다. 이때 테스트에서 합격하면 본격적인 운동부 생활을 할 수 있게 된다.

드물지만 아주 늦게 고등학교 때 운동선수를 시작하는 경우도 있다. 사실 고등학교 때 선수 생활을 시작한다는 것은 쉽지 않은 일이다. 고등학교 운동부부터는 거의 전문 운동선수에 준하는 실력이 필요하기 때문이다. 따라서 이때는 남들보다 월등한 실력을 보여주어야 한다.

아주 드물지만 성인이 된 나이에 운동선수가 되려는 꿈을 갖는 사람도 있다. 아마도 이런 경우 거의 불가능하다고 할 수 있지만, 만약 자신이 운동선수에 준하는 실력을 갖고 있다면 이야기가 달라질 수 있다. 대학 운동부나 프로팀에 직접 입단 테스트를 받아 합격하면 충분히 운동선수로서 시작할 수 있기 때문이다. 단, 우리나라 프로팀이나 실업팀에서는 아직 공개 입단 테스트라는 것이 없기 때문에 개인적으로 원하는 팀을 찾아가서 테스트를 받아야 한다는 점을 명심해야 한다.

학교 운동부의 경우는 학교에서 따로 비용을 들여 운영한다. 그런데 많은 비용을 쓰기가 어렵기 때문에 학교마다 많아야 한두 개 정도의 운동 분야만 운영하는 실정이다. 따라서 축구부만 운영하는 학교도 있고 야구부만 운영하는 학교도 있다. 조금 규모가 큰 학교의 경우, 2개 이상의 운동부를 운영하기도 한다. 따라서 자신이 원하는 운동부가 있는 학교를 잘 찾아 그 학교에 입학해 운동부에 들어가는 방법을 시도해야 한다.

학교 운동부 외의 운동선수가 되는 법

학교 운동부는 그야말로 정식 운동선수가 되기 위한 운동부를 운영하기 때문에 인기 있는 학교 운동부의 경우에는 경쟁이 치열할 수 있다. 지역의 클럽 대회에서 어느 정도 잘한다는 소리를 듣는 학생들도 학교 운동부 테스트에 불합격하는 경우도 많을 정도다. 이처럼 학교 운동부는 인원이 제한되어 있기 때문에 운동부에 들지 못하는 경우도 있다. 과거에는 학교 운동부에 들지 못하면 운동선수가 될 기회가 거의 없었지만, 요즘은 운동부 이외에도 운동선수가 되는 다양한 길이 있다.

주변에서 가장 흔히 접할 수 있는 축구의 경우, 축구부가 아니더라도 어린이 축구 교실이나 프로 구단에서 만든 유소년 클럽, 지방자치단체에서 만든 어린이 축구 클럽 등을 통해 운동을 배울 수 있다. 따라서 축구에 관심이 있다면 이런 곳을 찾아가 선수로 등록하는 방법을 알아보는 것도 좋은 대안이 될 수 있다. 이런 클럽 중에는 유명 선수 출신들이 운영하는 곳도 있으므로 정보를 잘 알아보면 괜찮은 코칭을 받을 수도 있다.

최근 들어 축구 분야에서 이런 클럽팀의 활동이 중요해졌다. 지금까지는 학교 축구부만 대한축구협회의 정식 등록팀으로 축구협회에서 개최하는 축구 대회에 참가할 수 있었다. 그러나 최근에는 축구 교실이나 축구 클럽팀들도 축구협회에 정식으로 등록할 수 있도록 제도가 바뀌었다. 따라서 축구 교실이나 축구 클럽에서도 얼마든지 축구선수로 활동하며 대회에도 참가하는 등 축구선수로서 성장할 길이 열려 있다.

인기 종목인 축구나 야구, 농구, 배구, 육상 이외의 운동 분야의 경우, 학교 운동부나 클럽팀을 찾기 힘든 것이 현실이다. 이런 경우 학생들이 자체적으로 만든 동아리팀에 들어가서 실력을 닦거나 개인적으로 훈련할 방법을 찾아야 한다. 그런 후 해당 운동협회에서 주관하는 대회에 나가 좋은 성적을 거두면 나중에 직업적인 운동선수로 활동할 길이 열릴 수도 있다. 이렇게 성공한 대표적 선수가 김연아 선수이다.

직업 운동선수가 되기 위해 결국 중요한 것은 개인의 실력과 체력, 그리고 운동선수가 되겠다는 굳은 의지이다. 이세 가지만 갖춘다면 어떤 경로를 통하든 운동선수를 직업으로 가질 수 있다.

운동선수가 내 적성에 맞는지
아는 방법

좋아하는 것과 꿈의 차이

초·중등 학생들이 미래에 되고 싶은 직업 1위가 운동선수이다. 요즘은 그만큼 운동선수를 하고 싶어 하는 학생들이 많다. 하지만 운동선수라는 직업은 내가 좋아한다고 될 수 있는 직업이 아니다. 일단 운동선수가 되기 위해서는 기본적으로 체력과 실력이 있어야 하고 무엇보다 운동선수의 꿈을 갖고 있어야 한다. 여기서 꿈과 좋아하는 것의 차이에 대해 알아보자.

우리는 흔히 좋아하는 것이 곧 꿈이라고 생각하는 경우가 많다. 하지만 좋아하는 것과 꿈은 큰 차이가 있다. 좋아하는 것과 꿈은 계란과 바위에 비유할 수 있다. 즉 좋아하는 것이 계란이라면 꿈은 바위이다. 계란은 먹기에 좋아 보이나 조금만 강한 것이 오면 깨져버린다. 하지만 바위는 어떤 강한 것이 와도 잘 깨지지 않는다.

운동선수를 생각하고 있다면 내가 운동을 좋아하고 있는지, 운동선수에 대한 꿈을 가지고 있는지 알아보는 시간을 갖는 게 필요하다. 사실 이 둘을 구분하는 것은 쉽지 않으나 가장 좋은 방법은 실제 부딪쳐 보는 것이다. 이런 경험을 해야 하는 이유는 운동선수를 꿈꾸었다가 중간에 포기하는 경우가 매우 많기 때문이다.

운동선수 생활은 해본 사람만 알 정도로 혹독하다. 매일 혹독한 훈련을 이겨내야만 운동선수로 성장할 수 있기 때문이다. 단지 운동을 좋아하는 수준이라면 이러한 훈련을 버텨내지 못할 가능성이 높다. 하지만 운동선수의 꿈을 가지고 있는 사람이라면 아무리 혹독한 훈련도 이겨낼 수 있다. 이것이 좋아하는 것과 꿈의 가장 큰 차이이다. 자신이 지금 어떤 상태에 있는지 알아보고 운동선수의 꿈을 키워가는 것이 필요하다.

직업 적성검사 하기

운동선수를 꿈꾸고 있다면 정말 운동이 자기 적성에 맞는지 알아보는 시간을 가지는 것도 중요하다. '워크넷'과 '커리어넷'에서 무료로 청소년용 직업적성검사를 할 수 있다.

꼭 해당 사이트에 들어가서 검사를 통하여 운동이 자기 적성에 맞는지 알아보기 바란다.

한편, 운동이 자기 적성에 맞다면 과연 자신의 운동지능지수는 어느 정도 되는지 알아보는 것도 필요하다. 우리는 흔히 지능지수를 알아보는 아이큐 검사만 있는 줄 알지만 다중지능검사라는 것도 있다. 다중지능검사는 하버드대학교 교육대학원 인지교육학 교수, 하워드 가드너(Howard Earl Gardner)가 개발해 낸 것으로 언어지능, 논리수학지능, 공간지능만으로 구성되어 있는 아이큐 검사에 더 다양한 분야의 지능 검사를 더한 지능검사법이다. 여기에는 언어지능, 논리수학지능, 공간지능 외에 음악지능, 신체운동지능, 인간친화지능, 자기성찰지능, 자연친화지능 등 총 8개의 다양한 지능이 등장한다. 이 다중지능검사를 하면 다음 두 가지를 파악할 수 있다.

첫째, 8개의 지능 중 1위부터 3위까지의 지능이 나오는데 이 1위부터 3위까지의 지능이 내가 발휘할 수 있는 뛰어난 지능이라고 할 수 있다. 따라서 1위부터 3위까지의 지능을 바탕으로 직업을 선택하면 어느 정도 나에게 맞는 직업을 가질 수 있다. 다중지능검사를 통하여 또 하나 알아낼 수 있는 것은 그 지능지수의 수치이다. 각 지능의 수치가 나오는데 이때 수치가 높을수록 그 지능에 대한 능력치가 높다는 뜻이다. 따라서 이 검사를 통하여 자신의 신체운동지능지수가 어느 정도 되는지 파악할 수 있다. 만약 신체운동지능이 1위로 나오고 신체운동지능지수도 높게 나온다면 자신이 운동선수로서 자질이 있다고 판단할 수 있다.

물론 다중지능검사는 자신이 잘하는 것을 테스트하는 검사이므로 자신이 좋아하는 것과는 약간 차이가 있을 수 있다. 따라서 적성검사와 다중지능검사를 통하여 나타난 결과를 종합해 운동선수가 적성에 맞는지 알아보자. 다중지능검사는 인터넷에 '다중지능검사'를 치면 무료 또는 유료로 검사할 수 있다.

고등학교 · 대학교, 어디로 갈까?

학교 운동부의 고된 훈련 생활

우리나라에서 직업 운동선수가 되기 위해서는 고등학교까지 학교 운동선수나 유소년 운동선수로 활동하다가 고등학교 졸업 후 프로팀이나 실업팀에 들어가 급여를 받고 활동하는 것이 일반적이다. 대학에 진학해 대학의 운동부에서 활동한 후 프로팀이나 실업팀에 들어가 직업 운동선수 생활을 이어가는 방법도 있다. 또는 운동 분야에 따라 대학에 체육 관련 학과가 있다면 아예 해당 학과에 진학해 학교 운동선수로 활동한 후 직업 운동선수가 되기도 한다.

직업 운동선수가 되기 위해서는 이처럼 어릴 때부터 운동선수로 활동하는 과정을 거쳐야 하는 특징이 있다. 만약 초등학교 때부터 운동선수 생활을 시작한다면 무려 10여

년을 운동선수로 생활해야만 직업 운동선수가 될 수 있는 셈이다. 그렇다면 학교 운동부의 생활은 어떻게 진행될까? 일반적으로 운동부 하면 합숙 생활을 하면서 수업은 형식적으로만 참여하고 오로지 운동만 하는 것으로 인식되어 있다. 실제 그럴까?

과거에 운동부는 수업은 거의 듣지 않고 운동만 하는 것이 가능했다. 그러나 운동부 특성상 학력이 떨어질 수 있고 또 학교폭력에 노출되기 쉬워 운동부에 대한 적용 기준이 바뀌었다. 따라서 요즘 운동부는 최소 기준의 수업을 받아야 하며 운동부 내에서 학교폭력을 철저히 관리하고 있다. 이 때문에 오늘날 운동부는 학교생활의 반은 수업을 듣고 나머지 시간에 운동을 하고 훈련을 받는다.

대부분의 운동부에서는 합숙 생활을 하는 경우가 많은데 이때 합숙 훈련의 강도는 보통 사람들의 생각 이상으로 높다. 운동부는 강인한 체력을 필요로 해서 군대에 버금갈 정도로 훈련 강도가 높기로 유명하다. 많은 학교는 산을 끼고 있는 경우가 많은데 대부분의 훈련은 '산 달리기'부터 시작된다. 이른 새벽 운동부가 있는 중학교에 가보면 어린 중학생 선수들이 산에서 달리기하는 모습을 볼 수 있다. 이러한 훈련 강도는 지도자에 따라 더 높을 수도 있으며 때로는 암벽등반, 줄타기, 장애물 통과하기 등의 강도 높은 훈련을 시키기도 한다. 만약 해안가에 있는 학교라면 모래주머니를 달고 모래사장을 달리거나 바닷속으로 입수하는 훈련을 하기도 한다.

운동선수들은 학교 운동부에 있는 동안 이런 강도 높은 훈련을 이겨내야 한다. 개중에는 훈련 도중 골절이나 파열, 탈골, 타박상 등의 부상으로 운동을 포기하는 일도 일어난다. 강도 높은 훈련에는 부상의 위험이 늘 따르기 때문에 조심해야 한다. 한편 운동선수들은 크고 작은 대회에 참가해야 하는데 이때 좋은 성적을 내면 포상이 따르지만, 성적이 안 좋으면 스스로 좌절하는 마음이 생기고, 주변 분위기도 가라앉는다. 이런 심리적 압박감 또한 극복해야 할 과제이다.

운동부는 1년에 한두 번 전지훈련을 가는데, 이때 더욱 강도 높은 훈련을 받게 된다. 운동부는 정상적으로 수업을 듣거나 소풍, 수학여행, 수련회, 운동회 등에도 참여할 기회가 많지 않기 때문에 안타깝게도 반 친구들과는 친해질 기회가 거의 없는 게 현실이다. 또 운동에 전념시키기 위해 이성 교제를 금지하는 곳도 있다. 이렇듯 또래 친구들보다 참고 견뎌야 하는 부분이 많음을 명심해야 한다.

대부분의 운동부가 있는 체육고등학교

우리나라 고등학교는 입시 위주로 운영되기 때문에 현재 일반 고등학교에서 운동부를 운영하는 학교는 드문 편이다. 역사적으로 축구나 야구 등의 경우, 명문으로 꼽히는 몇몇 학교에서 운동부를 운영하고 있다. 예를 들면 축구부를 운영 중인 숭실고와 야구부를 운영 중인 충암고 등을 들 수 있다. 일반 고등학교에서는 축구나 야구 등 한 개의 운동부를 운영하는 경우가 대부분이지만 2개 이상의 운동부를 운영하는 학교도 간혹 있다. 예를 들면 휘문고의 경우 야구부와 농구부 2개의 운동부를 운영하고 있다. 사실 휘문고가 한참 잘나갈 때는 5개의 운동부를 운영하기도 했다. 한편 인천의 연수여고는 빙상부(피겨스케이팅/스피드스케이팅), 볼링부, 스쿼시부 등 3개의 운동부를 운영하고 있다.

한편, 특성화고 형태의 체육고로 운영되는 운동부가 있다. 세종특별자치시, 제주특별자치도를 제외한 전 광역자치단체에 1개씩 공립고등학교 형태로 14개의 체육고등학교가 있다. 단 제주도에는 제주체육고가 없는 대신 사립인 남녕고등학교에 체육과가 있어 체육고를 대신하고 있다. 또 특목고 형태로 분류된 함평골프고등학교를 합하면 실제 전국의 체육고등학교는 16개가 있다. 전국의 16개 체육고등학교의 현황을 소개하면 다음과 같다.

- 강원체육고등학교 (강원도 춘천시)

- 경기체육고등학교 (경기도 수원시 장안구)

- 경남체육고등학교 (경상남도 진주시)

- 경북체육고등학교 (경상북도 경산시)

- 광주체육고등학교 (광주광역시 북구)

- 대구체육고등학교 (대구광역시 북구)

- 대전체육고등학교 (대전광역시 유성구)

- 부산체육고등학교 (부산광역시 영도구)

- 서울체육고등학교 (서울특별시 송파구)

- 울산스포츠과학고등학교 (울산광역시 북구)

- 인천체육고등학교 (인천광역시 서구)

- 전남체육고등학교 (전라남도 무안군)

- 전북체육고등학교 (전라북도 완주군)

- 충남체육고등학교 (충청남도 논산시)

- 남녕고등학교 체육학과 (제주도 제주시)

- 함평골프고등학교 (전라남도 함평군)

이러한 체육고등학교는 체육중학교와 같이 붙어 있는 경우도 있으며, 체육중학교—체육고등학교—체육대학 순으로 진학하는 학생도 많다. 그리고 전국체육고등학교 대회가 따로 열리기도 한다. 축구와 야구 등 인기 종목을 제외한 나머지 운동부에 들고자 하는 학생들이라면 당연히 체육고등학교의 문을 두드릴 수밖에 없다.

체육고등학교에 입학하고자 한다면 각 체육고등학교 홈페이지에 들어가 입학 요강에 따라 절차를 밟으면 된다. 만약 전국대회 성적이 있다면 특별전형으로 지원하거나, 또는 실기와 체력 테스트를 거쳐야 한다. 이때 중요한 것은 운동 실력뿐만 아니라 내신 성적까지 반영한다는 점이다. 따라서 중학교까지는 내신 성적에도 신경을 써야 한다.

운동선수의 대학 입시 방법

운동선수가 대학에 진학하고자 할 때는 어떤 절차를 밟아야 할까? 우선 대학에서 운영하는 운동부에 대해 알아보자.

대학 운동부의 경우 사실상 아마추어 운동선수들이 최절정의 기량을 낼 수 있는 시기라고 볼 수 있다. 이 때문에 대부분의 올림픽이나 아시안게임 등의 메이저 대회에서 상위 성적을 내는 선수들이 대학 선수들이다. 그만큼 우리나라에서 대학 운동부의 역할은 매우 중요한 위치에 있다.

하지만 프로스포츠 등이 생기면서 대학 운동부가 과거와 달리 침체되는 일이 발생했다. 이 때문에 국가적으로 대학 운동부를 지원하는 제도가 생겼으며 심사를 통하여 선정된 전국 대학의 각 운동부에 국가에서 지원금을 제공하고 있다.

대한민국 정책브리핑(www.korea.kr)의 자료를 기준으로 살펴보면 각 대학은 평균 4개 정도의 운동부를 운영하는 것을 알 수 있다. 따라서 대학의 운동선수가 되고자 하는 학생들은 자기 종목에 해당하는 운동부가 있는 대학을 선택해 대학 입시를 진행하면 된다. 예를 들어 국내의 대표 대학이라 할 수 있는 연세대와 고려대의 경우 농구, 야구, 축구, 아이스하키, 럭비 등 5개 분야에서 운동부를 운영하면서 정기적으로 고연전(또는 연고전)을 펼치고 있다. 이 외에도 스포츠전문대학으로 국립대학인 한국체육대학교가 있는데 여기에는 더 많은 운동부가 운영되고 있다.

이러한 대학 운동부에 진학하기 위해서는 대학 입시를 치러야 하는데 운동부의 대학 입시는 일반 학생들과는 조금 다르게 진행된다. 과거에는 프로팀에서 각 대학교에서 뽑을 선수를 미리 정하는 경우가 많았다.

하지만 여러 문제가 생기면서 2016년부터는 운동부도 일반 학생들처럼 최대 6개의 대학에 원서를 내고 경기 성적, 자기소개서, 면접 등의 방식으로 선수를 선발하고 있다. 이를 체육 특기자 전형이라고 부른다. 과거에는 재수를 하는 운동부 선수들이 없었는데 이런 제도가 생기면서 좋은 대학에 가기 위해 종종 재수하는 운동선수들도 나타나고 있다.

직업 운동선수의 선발 과정

직업 운동선수들의 최종 선발은 어떤 방식으로 이루어질까?

먼저 우리나라의 프로스포츠에서 신인 선수의 선발은 대부분 드래프트 제도에 의하여 진행되고 있다. 드래프트 제도란 프로 리그에 들어오려는 신인 선수를 모두 모아서 정해진 순번대로 구단에서 선수를 선택해 계약을 체결하는 방식을 말한다. 이는 구단에서 일방적으로 정하는 방식이므로 사실 선수 입장에서는 불리한 제도라고 할 수 있다.

이에 반해 유럽 축구 리그의 경우 자유 계약으로 선수를 선발하고 있다. 예를 들어 프로야구의 경우 드래프트에 참가한 선수가 모두 100명이라면 1순위에서 10개 구단이 각 1명씩 선수를 선택할 수 있다. 여기에 선택되지 않은 선수는 2순위로 넘어가게 되며 이렇게 3순위, 4순위 방식으로 선수 선발이 이루어지게 된다. 최종 순위에까지 선발이 되지 않으면 탈락하는 구조다.

한편 실업팀 선수 선발의 경우 대학 입시와 비슷하게 각 실업팀이 속해 있는 단체의 규정에 따라 이루어지고 있다.

예를 들어 한 실업팀의 선수 선발 규정을 살펴보면 다음과 같다.

'최근 3년 이내에 각종 국제대회 및 전국 규모 이상 대회에서 상위 입상 실적이 있는 자로서 품행이 단정하고 경기력 향상에 발전 가능성이 있는 자를 전문가(가맹 경기 단체장 등) 및 종목별 감독이 추천한 자.'

따라서 실업팀에 들어가고자 하는 선수들은 이러한 모집 조건을 잘 살펴서 준비하는 것이 바람직하다.

운동선수가
되기까지 드는 비용

운동선수가 되는 데 정말 돈이 많이 들까?

요즘은 주변에 운동선수가 되려는 학생이나 자녀를 운동선수로 만들고 싶어 하는 학부모를 어렵지 않게 볼 수 있다. 그런데 운동선수를 자녀로 둔 학부모들은 하나같이 돈이 많이 든다며 하소연한다. 운동선수가 되려면 정말 돈이 많이 드는 걸까?

먼저 가장 일반적인 축구선수의 경우 어느 정도의 돈이 들어가는지 알아보도록 하자.

유튜브 채널 〈리춘수TV〉를 운영하고 있는 전 국가대표 축구선수 이천수 씨는 만약 초등학교 1학년 때부터 고등학교 3학년 때까지 축구선수를 한다면 보통 선수의 경우 대략 3억 원 정도의 비용이 든다고 주장한다. 잘하는 선수의 경우 이보다 적은 비용이 들고, 못하는 선수의 경우 이보다 많은 비용(5억 원까지 주장)이 든다고 한다. 만약 이 말이 사실이라면 축구선수를 한 명 키우는 데 대학에 보내는 것보다 더 많은 비용이 들어가는 셈이 된다.

운동선수를 하는 데 왜 이렇게 많은 돈이 들어가는 걸까? "프로 선수가 되려면 얼마를 투자해야 할까? 2억 원 ~ 3억 5,000만 원 + 알파(조선일보, 2021. 9. 10.)"라는 기사를 참조하면 왜 이렇게 돈이 많이 들어가는지 알 수 있다. 일단 우리나라의 중·고등학교에서 운동선수를 하기 위해서는 매달 회비를 내야 한다. 회비는 코치 비용과 기타 비용이 포함된 금액이다. 이 회비는 학교, 지역마다 차이가 있지만 대략 100만 원 정도이다. 여기에 1년마다 한두 번 정도 전지 훈련비를 내야 한다. 이 비용이 200~400만 원 정도이다.

여기에 최근에는 레슨비라는 게 생겼다. 학교의 훈련만으로는 안 되니 실력을 보충하기 위해 별도로 과외를 받는 비용이다. 잘하는 선수라면 이 비용은 들지 않을 수 있다. 이 또한 한 달 평균 100만 원 선이다. 이런 비용을 모두 합하면 1년에 드는 비용이 대략 3,000만 원 내외이다. 이런 비용은 축구든 야구든 비슷하게 드는 것으로 알려져 있다. 만약 초등학교부터 고등학교까지 10년간 운동을 했다면 3

억 원이 나오므로 이천수 전 선수의 말이 틀린 것은 아닌 셈이다.

투자 대비 취업률은 낮은 편이다

운동선수가 되기 위해 이처럼 많은 돈이 든다면 과연 프로 선수가 되는 길은 쉬운 걸까? 이 또한 다른 직업에 비해 쉽지는 않은 것으로 나타났다.

야구 기준으로 살펴보면 대한야구소프트볼협회에 등록된 아마추어 선수 가운데 고 3 인원은 약 900명이다. 그리고 대학교 졸업반 인원은 200여 명이다. 그런데 매년 프로야구에서 뽑는 신인 선수의 수가 약 100명에 불과하다. 경쟁률이 약 10대 1이 되는 셈이다. 프로야구의 지명에 탈락한 선수들은 실업 야구팀에라도 들어가야 하는데 자리가 많지 않다. 이런 상황은 축구계도 마찬가지이기에 운동선수로서 성공하기 위해서는 오로지 실력을 닦아 좋은 성적을 내는 길밖에 없다. 치열한 바늘구멍을 뚫고 들어가야 비로소 길이 보이는 직업인 셈이다.

골프, 승마, 피겨 등의 스포츠에 드는 비용

지금까지 인기 종목인 축구와 야구에 대해 살펴보았는데, 다른 종목의 경우 이보다 더 적게 들기도 하고 많이 들기도 한다. 이번에는 엘리트 체육선수들을 양성하는 기관인 컬리짓아카데미서울에서 소개하는 골프, 승마, 피겨 등의 분야에서 운동선수가 되는 데 드는 비용에 대해 알아보기로 하자.

먼저 고급 스포츠로 알려진 골프의 경우 당연히 돈이 많이 들 것이 예상된다. 각종 골프 장비는 물론이고 기타 부수적인 비용이 만만치 않기 때문이다. 축구나 야구가 연 3,000만 원 내외가 들어가는 데 비해 골프의 경우 레슨과 더불어 전문적인 장비, 연습장, 라운딩 요금 등을 포함하여 연간 1~2억 원이 들어간다고 하니 입이 다물어지지 않는다. 예를 들어, 레슨비가 월 100~200만 원 이상이고, 연습장과 라운딩 비용도 오랜 시간 연습을 해야 하므로 연 1,000~3,000만 원 정도 든다고 한다. 여기에 동계 훈련비도 축구보다 5~10배 이상 많이 들고, 골프 장비와 부수적 비용이 2,000~4,000만 원, 대회비, 캐디비, 숙소비, 식대 등이 추가되면 1~2억 원은 그냥 나가게 된다. 이것은 최소한의 비용을 말한 것이고 만약 실력이 부족하면 코치비까지 추가로 나가게 되어 훨씬 많은 비용이 들 수 있다.

승마의 경우 기본적으로 말을 타는 스포츠이므로 당연히 비용이 많이 들 것이 예상된다. 말을 이용하기 위해서는 마방 대여비, 건초 및 사료비, 운동비 등이 필요한데 기본적으로 말 1마리에 150~200만 원의 기본 관리비를 내야 한다. 승마 선수가 되려면 이러한 말을 최소한 2~3마리 가지고 있어야 하므로 이 비용만 해도 만만치 않다. 여기에 레슨비 100~150만 원이 들어가니까 승마는 교육 및 유지비에만 연간 최소 5,000만 원이 드는 것이 현실이다. 대회에 참가할 때 말의 이동에 필요한 동물 이송 컨테이너, 항공비, 승마 선수의 장비까지 추가하면 연간 수억 원이 넘어간다고 볼 수 있다.

피겨스케이팅의 경우, 선수용 스케이트화가 150~200만 원 정도 하는데, 1년에 최소 3번은 교체해야 한다. 또 피겨의 경우 의상비도 한 벌당 최소 200~300만 원까지 든다. 여기에 훈련 장소 대관비, 레슨비, 안무 제작비, 전지 훈련비까지 추가하면 연간 수천만 원이 넘게 든다는 결론이 나온다.

운동선수가 되기 위해서는 이처럼 많은 비용이 들기 때문에 요즘은 부모의 재력이 뒷받침되지 않으면 운동선수의 생활을 이어가기 힘든 상황이다. 물론 어떤 운동 분야든 뛰어난 재능을 보인다면 스폰서나 다른 부가적인 수입이 생길 수 있다. 그렇게 상황이 풀리면 이야기가 달라지겠지만 일반적인 운동선수들은 부모가 고스란히 이 돈을 지불해야 한다. 그럼에도 불구하고 이 돈을 투자하면서까지 운동선수가 되려는 까닭은 아마도 김연아 선수나 박인비 선수처럼 커다란 성공을 거두는 롤모델이 있기 때문일 것이다.

스타 선수는
하루를 어떻게 보낼까?

세계적인 스포츠 선수는 얼마를 벌까?

스포츠 분야에서 성공한다는 것은 바늘구멍을 뚫는 것만큼 쉽지 않은 일이다. 프로야구만 보더라도 매년 전체 1,000여 명의 선수 중 100여 명의 선수만이 선택을 받는다. 이 선수들 중에서도 거의 5퍼센트도 안 되는 4~5명의 선수만이 스타 선수의 반열에 들게 된다. 전체 1,000여 명의 선수로 따지면 매년 스타 선수가 되는 확률은 약 0.5퍼센트라고 이야기할 수 있다.

운동선수들은 이처럼 바늘구멍을 뚫고 스타 선수의 반열에 오르기만 하면 최소 수억 원대의 연봉을 벌 수 있는 자격을 얻게 된다. 여기에서부터 운동선수라는 직업의 매력이 나타나기 시작한다. 만약 운동선수로서 크게 성공해 톱

스타의 반열에 오른다면 이제 수입은 기하급수적으로 늘어나게 된다. 여기에서는 세계적 운동 스타들의 수입이 어느 정도 되는지 살펴보자.

세계적 스포츠 스타들의 수입은 연봉 수입 외에 기타 광고 및 스폰서 수입까지 포함된다. 미국 경제 전문지인《포브스》는 매년 세계적 스포츠 스타들의 연 수입 순위를 발표하는데, 2022년 기준 스포츠 스타들의 수입 순위 1위~10위까지는 다음과 같다.

1위. 리오넬 메시(아르헨티나) • 축구: 1억 3,000만 달러

2위. 르브론 제임스(미국) • 농구: 1억 2,120만 달러

3위. 크리스티아누 호날두(포르투갈) • 축구: 1억 1,500만 달러

4위. 네이마르(브라질) • 축구: 9,500만 달러

5위. 스테픈 커리(미국) • 농구: 9,280만 달러

6위. 케빈 듀랜트(미국) • 농구: 9,210만 달러

7위. 로저 페더러(스위스) • 테니스: 9,070만 달러

8위. 카넬로 알바레스(멕시코) • 권투: 9,000만 달러

9위. 톰 브래디(미국) • 미식축구: 8,390만 달러

10위. 야니스 아데토쿤보(그리스) • 농구: 8,090만 달러

우선 리오넬 메시의 연 수입은 1,500억 원(환율 1달러

에 1,270원을 적용한 비용)이 넘는다. 연 수입 1,500억 원은 우리나라 최고 재벌의 연봉보다 3배나 높을 정도로 대단한 수입이라 하지 않을 수 없다. 리오넬 메시 선수 한 사람이 걸어 다니는 대기업이라고 할 수 있다. 더욱 놀라운 점은 세계적 스타 10위까지가 모두 우리나라 돈으로 1년에 1,000억 원 이상의 수입을 올렸다는 사실이다. 이것은 곧 세계인들이 얼마나 스포츠에 열광하고 있고 여기에 많은 돈을 쓰고 있는지 보여 주는 대목이다. 아울러 스포츠 산업의 규모가 얼마나 대단한지를 알려주는 지표이기도 하다.

그렇다면 우리나라 스포츠 스타 중에 연봉 1위는 누구일까? 2022년을 기준으로 할 때 단연 최고 연봉은 메이저리그의 류현진 선수로 2022년 시즌 기준 2,000만 달러이다. 이를 우리나라 돈으로 환산하면 250억 원 정도가 된다. 물론 이것은 순수 연봉만 계산한 것이며 기타 수입까지 합하면 이보다 훨씬 높을 것이다.

스타 선수의 하루

스타 선수들의 실제 생활은 어떨까? 손흥민이 쓴 책『축구를 하며 생각한 것들』에 나오는 그의 하루를 통하여 스타 선수들의 하루를 들여다보자.

손흥민 선수의 영국 생활은 단순하다. 영국 프리미어리

그는 대개 8월에 시작해 이듬해 5월에 끝이 난다. 1년 중 10개월은 경기가 있는 생활을 반복하는 것이다. 이 기간 중 손흥민 선수는 매일 아침 7시 반에 기상한다. 참고로 손흥민 선수는 아침에 일어날 때 별로 부대끼지 않고 잘 일어난다고 한다. 기상하자마자 아침 샤워를 하며 정신을 차린다. 그리고 과일과 꿀, 홍삼, 우유 반 컵으로 간단히 아침 식사를 한다. 집에서 식사하지 못할 경우 토트넘 홋스퍼의 훈련장에 도착해 식사하기도 한다.

외출에 적당한 패션 코디를 정해 옷을 입은 후 직접 운전을 해서 9시까지 훈련장에 도착한다. 차가 훈련장에 있는 경우에는 친구들의 차를 빌려 탄다. 같은 팀의 쟁쟁한 스타들이 손흥민 선수의 집 가까운 곳에 있기 때문에 그들과 함께 출근하는 것이다. 아침 식사를 못 했을 경우에는 훈련장에 가서 아침 식사를 하거나 체력 단련실에서 가볍게 몸을 푼다.

10시부터 팀 훈련이 시작되는데 약 1시간 30분가량 훈련이 진행된다. 훈련이 끝나면 동료들과 함께 점심을 먹고 오후에는 편하게 쉬는 시간을 가진다. 이때 쇼핑을 하기도 하고 경기가 있는 날에는 경기 후 근육 마사지를 받기도 한다. 저녁은 반드시 한식을 먹고 휴식 시간을 갖거나 산책하며 시간을 보낸다. 그리고 10시가 되면 반드시 취침을 한다.

손흥민 선수는 1년 중 10개월을 이런 패턴으로 하루를 보낸다. 이 10개월 동안 루틴(생활 습관)으로 꼭 지키는 것은 10시 전에 잠자기, 정크푸드 먹지 않기, 자유 시간에 외출하지 않고 집에서 쉬기, 스트레스를 받으면 최대한 빨리 털고 평정심 유지하기 등이다. 이렇게 10개월의 시즌을 끝내면 나머지 2개월은 한국으로 돌아와 휴가를 보낸다.

사실 손흥민 선수의 스토리 중에서 아버지의 지옥훈련을 빼놓을 수 없다. 가장 유명한 이야기는 손흥민 선수가 분데스리가에 데뷔한 2010~2011년 시즌을 마치고 한국으로 돌아왔을 때다. 당시 손흥민 선수의 아버지는 손흥민 선수가 4킬로그램이나 쪄 있는 모습을 보고 깜짝 놀랐다고 한다.

이에 충격을 받은 아버지는 손흥민 선수와 지옥훈련을 시작했다. 이때 매일 8시에 아침을 먹고 근력 운동을 한 후 뒷산의 높은 계단을 오르내리는 웨이트 운동을 반복했다. 그리고 곧바로 운동장으로 향해 매일 1,000개씩 위치를 옮겨가며 슈팅 연습을 했다. 오늘날 손흥민 존으로 알려진 공간은 이때 탄생했다고 한다.

이후 리그로 복귀한 손흥민 선수는 매 시즌 두 자릿수 이상의 득점을 기록하게 된다. 결국 하루를 어떻게 보내느냐

가 선수로서 성장하는 데 얼마나 중요한지 보여주는 대목
이라 하지 않을 수 없다. 스타 선수를 꿈꾸고 있는 사람이
라면 손흥민 선수처럼 규칙적이고 절제된 하루를 보내야
하지 않을까? 깊이 생각해 보기를 바란다.

인기 스포츠 스타가
되는 과정

스타 선수는 매일 지옥훈련을 한다?

운동선수를 꿈꾸는 사람이라면 세계적 스포츠 스타가 어떻게 만들어지는지 유심히 살펴볼 필요가 있다. 우리는 세계적 스포츠 스타들이 타고난 재능 때문에 만들어진다고 생각하지만, 꼭 그렇지 않다는 사실을 잘 알아야 한다. 우리나라에서 세계적 스포츠 스타라 하면 손흥민, 추신수, 박세리, 김연아 선수 등을 들 수 있다. 그런데 이들은 하나같이 아버지나 어머니의 혹독한 훈련을 통하여 만들어진 세계적인 선수라는 공통점이 있다. 일반적인 스타는 어느 정도 타고난 재능만으로도 만들어질 수 있으나 세계적 톱스타는 이 재능에 반드시 노력이, 그것도 그냥 노력이 아닌 혹독한 노력이 더해져야만 가능하다는 것을 뜻한다.

박세리 선수의 아버지가 딸을 세계적인 골퍼로 키우기 위해 하루 800개의 샷 연습과 600번 정도의 퍼팅 연습을 시켰던 것은 유명한 일화로 남아 있다. 손흥민 선수의 아버지는 하루 1,000개의 슈팅 연습을 시켰다. 추신수 선수는 "아버지의 지옥훈련이 나를 메이저리거로 만들었다."라고 고백하기도 했다. 김연아 선수가 스타킹이 찢어질 때까지 지옥훈련을 했다는 이야기도 유명하다. 이처럼 세계적 스포츠 스타들은 지옥훈련을 했다는 공통점이 있다. 이들은 타고난 재능에 더하여 이런 지옥훈련까지 했기에 세계 무대에서 최고의 실력을 발휘할 수 있었을 것이다.

여러분이 운동선수가 되었다고 상상해 보자. 그런데 성적도 부진하고 자존감도 많이 떨어진 상황이다. 그럴 때 이 스타들의 지옥훈련을 떠올리자. 이 4명의 스포츠 스타 못지않은 지옥훈련을 해봤는지 스스로를 돌아보는 것이다. 세계적인 스포츠 스타는 그냥 만들어지지 않는다.

타고난 재능에 노력까지 더해져야 톱스타가 될 수 있다

예술 분야의 경우 타고난 재능만 가지고도 정상의 자리에 오를 수 있다. 대표적으로 음악이나 미술의 천재들이 그런 사람들이다. 하지만 스포츠 세계에서만큼은 타고난 재능만으로 최고의 자리에 오르는 것은 불가능하다. 왜냐하면 스포츠는 몸을 쓰는 분야이기 때문이다. 몸에 문제가 생기면 아무리 뛰어난 재능을 갖고 있더라도 실력을 발휘할 수 없다. 이러한 몸은 오직 노력으로 만들어지는 특징을 가지고 있다. 그렇기 때문에 재능에 노력까지 더해질 때 비로소 오를 수 있는 자리가 스포츠 세계의 최고 자리이다.

물론 스포츠 세계에서 타고난 재능을 간과해서는 안 된다. 타고난 재능과 노력 중에 하나라도 없으면 스포츠 세계에서 정상에 오르기는 힘들다. 이는 곧 어느 정도의 타고난 재능이 없다면 아무리 노력해도 최고가 되기 힘들다는 뜻이기도 하다. 하지만 지금 운동을 시작했다면 어느 정도 타고난 재능은 있다는 뜻이므로 여기에서 낙심해서는 안 된다. 자신에게 타고난 재능이 부족하다 해도 남들보다 몇 배의 노력을 해서 보완하면 되는 것이다. 스타 운동선수가 되고 싶다면 지금 이 순간부터 마음을 고쳐먹고 죽을힘을 다해 노력하겠다는 자세를 가지는 것이 가장 중요하다.

미개척 분야에서 세계 최고가 된 김연아

보통 세계적인 스포츠 스타는 인기 운동 종목에서 나오기 마련이다. 하지만 그 공식을 깬 세계적 스포츠 스타가 탄생했으니 바로 김연아 선수이다. 김연아 선수는 어릴 적 피겨스케이팅에 재능을 보여 선수 생활을 시작하게 되었다. 하지만 넉넉지 않은 가정에서 피겨 선수를 키우기란 쉽지 않았다. 그럼에도 불구하고 피겨에 남다른 재능을 보이는 딸을 보며 김연아 선수의 부모는 딸을 피겨 선수로 키우기로 결심했다.

어머니가 매니저로 나서며 김연아 선수의 피겨 선수 생활이 본격적으로 시작되었다. 당시 우리나라는 피겨 전용 스케이트장이 단 하나도 없을 정도로 피겨의 불모지였다.

그래서 김연아 선수는 기존 선수들이 사용하지 않는 오전과 야간에 스케이트장을 빌려 훈련을 해야 했다. 이때 김연아 선수의 어머니가 자기 생활 하나 없이 오전부터 야간까지 김연아 선수를 따라다니며 훈련을 시켰던 것은 유명한 일화로 남아 있다.

김연아 선수는 12살 때 처음 참가한 국제대회에서 우승하며 가능성을 보였고 그해에 트리플 점프 5종(러츠, 플립, 토룹, 룹, 살코)을 완성했다. 그리고 다음 해인 중1 때 국가대표로 선발되어 각종 국제대회를 휩쓸고 다녔다. 이때 김연아 선수의 경쟁자로 등장한 선수가 바로 일본의 아사다 마오 선수였다. 아사다 마오는 일본의 전폭적인 지원 가운데 좋은 환경에서 연습할 수 있었으며 김연아 선수와의 첫 대결에서 김연아 선수를 이기고 우승을 차지했다. 반면 김연아 선수는 척박한 환경에서 아사다 마오를 이기기 위해 노력했으며 결국 2010년 밴쿠버 올림픽에서 아사다 마오를 제치고 금메달을 차지했다.

김연아 선수는 피겨의 불모지에서 갑자기 등장한 혜성처럼 사람들의 주목을 받았으며 당시 국민 여동생으로 불릴 만큼 엄청난 인기를 끌었다. 이로 인해 김연아 선수는 연간 100억 원 이상의 엄청난 수입을 벌어들일 정도로 세계적 스타로 발돋움했다. 특히 2014년에 그녀가 벌어들인 수입은 약 170억 원가량으로 이는 그해 전 세계 여성 스포츠 선수의 수입 중 4위에 해당한다. 한편 김연아 선수는 이런 국민적 인기를 바탕으로 광고도 찍었는데 당시 1회 광고 출연료가 10억 원으로 국내 최고를 기록하기도 했다. 그녀는 2008년부터 30여 개의 기업에서 160여 편의 CF를 찍은 것으로 알려졌는데 광고로 벌어들인 돈만 해도 상상을 초월할 정도다.

당시 주요 인기 종목이 아닌 피겨스케이팅 선수로 활약하면서 이 정도 수입을 올린 것은 지금도 기록으로 남아 있을 정도다. 어쩌면 수입으로만 따질 때 김연아 선수는 국내 어떤 프로스포츠 스타도 따라가지 못할 만큼 최고가 아니었을까? 당시 피겨스케이팅의 불모지에서 거둔 성과이기에 더 대단하다 하지 않을 수 없다.

3장
프로 운동선수의
과거와 현재

골프, 최초로
프로 선수를 탄생시키다

최초의 프로골퍼는 누구일까?

우리는 프로골퍼 하면 박세리 선수를 떠올리지만 우리나라 제1호 프로골퍼는 일제강점기 때 태어난 연덕춘 (1916~2004) 선수이다.

그는 1941년 한국인으로서는 처음으로 일본에서 열린 일본오픈대회에 참가해 패권을 쥔 것으로 알려져 있다. 이후 1965년에 한국프로골프협회가 창립되면서 본격적인 프로 골프선수들이 배출되기 시작했다. 1972년 연덕춘 선수의 지도를 받은 한장상 선수가 일본 프로골프오픈대회에 출전해 한국인으로서 두 번째 우승을 차지하며 위세를 드높였다. 그리고 1973년에는 김승학 선수가 필리핀 오픈 경기에서 한국인으로서는 처음으로 우승하며 한국 골프의 가능성을 알렸다.

우리나라는 1986년 아시안게임에 참가해 단체전 금메달을 차지하면서 아시아 골프 강국으로 떠오르기도 했다. 1996년에는 전 세계 46개국이 출전한 제17회 세계여자골프선수권대회에 참가해 당당히 우승함으로써 세계 역사상 아시아 국가가 처음으로 세계 대회에서 우승하는 기록을 세우기도 했다.

혜성처럼 등장한 박세리 선수

우리나라 골프의 대명사로 알려진 박세리 선수의 등장은 이러한 이전의 성과를 바탕으로 이루어진 것이라 할 수 있다. 초등학교 6학년 때 처음으로 골프채를 잡은 박세리 선수는 고등학교 3학년 때인 1995년 프로와 아마추어가 모두 참가하는 오픈대회에서 우승하면서 주목을 받기 시작했다.

이후 박세리 선수는 18세의 나이로 우리나라 최연소 프로골프 선수가 되면서 각종 국제대회에 참가하기 시작했다. 1998년부터 박세리 선수는 미국여자프로골프협회(LPGA) 투어에 참가하기 시작했다. 여자 프로골프 선수라면 누구나 참가하고 싶은 꿈의 무대였다. LPGA 대회에 참가하면 우승 상금으로 돈도 벌고 명예도 얻을 수 있기 때문이었다. 박세리 선수는 1998년 LPGA 투어 중 맥도널드

LPGA 챔피언십과 US 여자오픈에서 우승하면서 신인상을 수상하게 된다. 이 중 US 여자오픈은 LPGA 투어 중 메이저대회에 속하기 때문에 우승하면 상금도 높고 명예도 얻을 수 있는 대회였다. 박세리 선수는 이 대회에서 연못에 빠지기 직전의 공을 퍼올리기 위해 양말을 벗고 연못에 들어가는 장면을 연출해 전 국민을 감동시켰다. 박세리 선수는 결국 이 메이저대회에서 우승하면서 전 국민에게 힘과 용기를 주었고 국민적인 영웅으로 떠올랐다. 당시 우리나라는 IMF로 전 국민이 경제적 어려움을 겪고 있던 시기였기 때문이다.

박세리 선수는 2016년 은퇴하기 전까지 LPGA 통산 25승을 기록했으며 이 중 메이저대회 5승이라는 기록을 남겼다. 박세리 선수는 이러한 업적으로 인해 2007년 LPGA 명예의 전당에 이름을 올리는 명예를 얻었으며, 같은 해 한국여자프로골프협회(KLPGA) 명예의 전당에 입회했다. 이 기간에 박세리 선수가 벌어들인 수입은 얼마나 되었을까? 이에 대하여 박세리 선수는 SBS 〈힐링캠프〉에 출연해 "상금만 120억 원 정도 되고 다른 부수입까지 합치면 500억 원 정도 된다."라고 밝혔다.

박세리 선수 이후 우리나라 여자 프로골프는 세계 정상급에 있는 우수한 프로 선수들을 많이 배출했다. 2021년

말 기준 세계 랭킹 10위 안에 고진영(2위), 김세영(4위), 박인비(5위), 김효주(9위) 등이 있었다. 이 중 고진영 선수는 세계 랭킹 1위에 오르기도 했다.

남자 프로골퍼의 우상, 최경주 선수

세계 여자 프로골프의 대명사가 LPGA라면, 세계 남자 프로골프는 미국남자프로골프협회(PGA)를 중심으로 진행된다. 우리나라는 여자 프로골프에 비해 남자 프로골프에서는 두각을 나타내지 못하고 있었다. 이런 가운데 혜성처럼 등장한 선수가 바로 최경주 선수였다.

최경주 선수는 초등학교와 중학교까지 축구, 씨름, 창던지기, 역도 등의 운동선수로 활동했다. 그러다가 고등학교에 들어오면서 골프를 시작했다. 이후 23세가 되어서야 겨우 국내에서 프로 테스트를 통과할 수 있었다. 하지만 국내 프로 선수 수준으로 PGA에 도전하기란 쉽지 않았다. 최경주 선수는 노력 끝에 1998년 20대 후반의 나이에 미국 PGA 투어 퀄리파잉 스쿨에 도전했으나 실패하고 말았다. 하지만 포기하지 않고 2000년에 다시 미국 PGA 투어에 도전해 한국 출신으로는 처음으로 진출에 성공했다. 그리고 2002년 미국 PGA 투어 컴팩 클래식에서 한국인으로서는 처음으로 우승을 차지했다. 이때 최경주 선수의 나이가 운동선수로서는 막바지라 할 수 있는 32세였으니 그야말로 인간 승리였다. 이후 최경주 선수는 총 8회의 PGA 대회 우승을 차지했다. 이 기간에 우승 상금으로 약 389억 원을 벌어들였다. 최경주 선수의 우승 상금이 박세리 선수보다 높은 까닭은 PGA 대회와 LPGA 대회의 우승 상금 차이 때문이다.

최경주 선수는 이후에 한 번 더 모두를 놀라게 한다. 어느덧 51세의 나이가 된 2021년 다시 한번 PGA 대회 우승 소식을 알려왔기 때문이다. 최경주 선수는 2021년 9월 미국 프로골프(PGA) 챔피언스투어 퓨어 인슈어런스 챔피언십에서 한국인 최초로 정상에 올랐다는 소식을 알려왔다. 챔피언스투어는 만 50세 이상의 선수가 출전하는 PGA 대회로 역대 상금 1,400만 달러(약 166억 원) 이상을 기록한 선수만이 출전할 수 있는 대회다. 최경주 선수는 51세의 나이에 이 대회에 출전해 당당히 우승을 차지한 것이다. 51세라면 도저히 운동선수로 활약할 나이가 아닌데도 최경주 선수는 운동선수 생활을 계속 이어나갔으며 당당히 PGA 우승까지 차지하며 많은 운동선수의 본보기가 되었다.

야구, 프로스포츠의
위상을 높이다

고교 야구의 폭발적 인기

우리나라에서 골프는 아무래도 고급 스포츠에 속하기 때문에 전 국민이 관심을 갖는 운동 분야라고 보기는 어렵다. 이에 반해 프로야구는 국민 모두의 관심을 끈 대표적 프로 스포츠라고 할 수 있다.

야구는 프로야구가 생기기 이전부터 이미 고교 야구에서 큰 인기를 끌었다. 당시 전국고교야구 대회가 열리는 날에는 경기장이 꽉 찼으며 TV 앞에 사람들이 몰려들어 열광적인 응원을 보내곤 했다. 우리나라 최고의 선수로 평가받는 경남고의 최동원 선수, 광주일고의 선동렬 선수 등이 바로 이 고교 야구에서 인기 스타로 등장하면서 이름을 알렸다. 최동원 선수는 당시 고3 때 한 경기에서 20탈삼진, 17

이닝 연속 노히트 노런 기록을 세우면서 독보적인 실력을 과시하기도 했다. 고교 야구는 이러한 인기를 등에 업고 프로야구가 생기기 전인 1975년에 이미 전체 관중 100만 명을 넘겼고, 프로야구가 출범하기 직전인 1981년에는 180만 명을 돌파할 정도로 인기를 끌었다.

프로야구의 탄생과 인기 선수들

야구는 이러한 인기를 바탕으로 1982년 드디어 프로야구를 출범시키기에 이른다. 원년 프로야구에서는 단연 박철순 선수와 백인천 선수가 주목을 받았다. 당시 박철순 선수는 미국 프로야구에서 활동하다가 조국의 프로야구 소식을 듣고 귀국해 무려 22연승을 거두며 소속팀 OB베어스를 우승으로 이끌었다. 당시 박철순 선수의 연봉은 2,400만 원으로 강남에서 소형 아파트 한 채의 가격에 달할 정도였다.

일본 프로야구 출신으로 이미 39세에 달했던 백인천 선수는 감독 겸 선수로 활약하며 프로야구 원년 4할(4할 1푼 2리)의 타율을 기록해 놀라움을 자아냈다. 이 기록은 지금까지 깨지지 않는 대기록이다. 당시 백인천 선수의 연봉은 1,800만 원이었다.

1983년은 일본 프로야구에서 활약했던 장명부 선수의 해였다. 당시 33세의 나이에 연봉과 각종 인센티브를 포함해 무려 총액 1억 8천만 원의 조건으로 삼미슈퍼스타즈에 입단한 장명부 선수는 투수로서 30승이라는 대기록을 세웠다. 투수로서 세운 단일 시즌 30승은 지금도 깨지지 않는 불멸의 대기록이다.

1984년은 단연 최동원 선수의 해였다. 최동원 선수는 정규리그 27승을 기록한 후 코리안 시리즈에서도 혼자서 4승을 기록하며 롯데자이언츠에 우승을 선물로 안겼다. 이후 등장한 선동렬 선수는 한국 프로야구 최초로 1억 원 이상의 연봉 주인공(한국인 기준)이 되면서 파란을 일으켰다. 그가 기록한 0점대 방어율 기록은 지금도 깨지지 않는 불멸의 기록으로 남아 있다.

이후 프로야구는 이만수, 장종훈, 이승엽, 이대호 등 수많은 스타 선수를 배출하며 인기를 이어갔다. 선수들의 연봉도 크게 높아져 2012년에 일본에서 돌아온 김태균 선수가 15억 원의 연봉을 기록하며 사상 최초로 10억 원을 돌파하기도 했다.

박찬호 선수의 등장

박찬호 선수의 출현은 우리나라 프로야구계에 획기적인 변화를 이끌었다. 당시 박찬호 선수는 프로야구 선수도 아닌 대학 선수였는데 1994년에 갑자기 메이저리그에 진출한다는 소식이 전해진 것이다. 박찬호 선수는 당시 LA다저스와 계약했는데 이후 동양인 최다승 투수 등의 성적을 냈다.

박찬호 선수가 우리나라 프로야구계에 던진 충격은 말로 표현하기 힘들 정도다. 박찬호 선수 이전까지 우리나라 팬들은 메이저리그에 큰 관심이 없었다. 그런데 박찬호 선수의 등장으로 인해 메이저리그에 큰 관심을 갖게 되었고, 이 때문에 관심의 중심이 국내 프로야구에서 메이저리그로 바뀌는 현상까지 일어났다.

박찬호 선수의 성공으로 후배들의 메이저리그 진출이 속속 이어졌다. 박찬호 선수 다음으로 성공한 메이저리거로는 김병현 선수가 있다. 김병현 선수는 운 좋게도 월드시리즈 우승까지 경험하게 된다. 이로 인해 김병현 선수 역시 엄청난 인기와 연봉을 받는 선수로 성장하게 된다.

메이저리그는 선수의 노후보장 차원에서 연금제도를 실시하고 있다. 박찬호 선수는 62세에 연금을 받기 시작할 경우 매년 2억 5천만 원을 받을 수 있고, 김병현 선수는 2억 원 정도를 받을 수 있다고 한다.

이처럼 온 국민의 시선이 메이저리그를 향하게 되자 국내 프로야구는 마치 마이너리그처럼 느껴지는 분위기가 형성되기 시작했다. 그도 그럴 것이 관중 입장에서는 세계 최고들이 모여 있는 메이저리그의 수준과 국내 프로야구 수준이 비교되었기 때문이다.

프로야구 선수들의 평균 연봉은?

다시 국내 프로야구 이야기로 돌아와 프로야구 선수들의 연봉이 어떻게 변해왔는지에 대해 살펴보기로 하자. 1982년 프로야구가 시작될 때 전체 선수들의 평균 연봉은 1,215만 원이었다. 당시 일반 직장인들의 평균 연봉이 400만 원대였으므로 프로야구 선수들은 일반 직장인의 3배에 해당하는 돈을 받았던 셈이다. 프로야구 원년 최고 연봉은 박철순 선수로 2,400만 원이었다. 1982년 당시 강남의 주공아파트 13평형이 900~1,150만 원에 거래되었고, 은마아파트 31평형이 2,900만 원에 거래되었다는 사실을 고려하면 당시 프로야구 선수들이 받았던 연봉이 어느 정도였는지 짐작할 수 있다.

이후 프로야구는 40년이 넘는 역사를 갖게 되었다. 그렇다면 지금 프로야구 선수들의 연봉은 어느 정도나 될까? 한국 프로야구위원회(KBO)에서 발표한 2022년 KBO 리그 선수들의 연봉 현황에 따르면, 선수들의 평균 연봉은 1억 5,259만 원으로 나타났다. 이것은 2022년 기준 프로야구 10개 구단에 소속된 선수들의 총인원 527명(외국인 선수와 신인 선수 제외)의 평균 연봉이다. 이 중 역대 이상의 연봉을 받는 선수는 158명에 불과하다. 나머지 369명은 연봉이 1억 원이 채 되지 않는다는 이야기다. 평균 연봉을 높인 주범은 FA 계약으로, 선수들 사이에 연봉 격차는 더욱 큰 것으로 보인다. FA 계약이란 자유 계약 신분이 된 선수와 맺는 계약으로 이 경우 다년간 매우 높은 금액으로 계약을 맺게 된다. 이러한 FA 계약 선수들의 고액 연봉을 제외하면 프로야구 선수들의 평균 연봉은 더욱 낮아진다.

프로야구가 지금보다 발전하기 위해서는 메이저리그로의 중심 이동과 다른 프로스포츠와의 경쟁 등의 과제를 해결해야 한다.

축구,
세계적인 선수를 키우다

프로축구의 출범

프로야구는 분명 직업 운동선수들의 위상을 높였다는 점에서 성공적이었다. 이에 따라 다른 스포츠 분야에서도 프로 체제의 출범을 서두르게 되었다. 프로야구의 뒤를 이어 프로 체제를 출범시킨 운동 분야는 예상한 대로 축구였다. 사실 축구는 야구보다 훨씬 대중적인 운동 분야였기에 프로축구협회가 생기기도 전에 이미 프로축구팀이 만들어졌다.

우리나라 최초의 프로축구팀은 어디일까? 1980년 기독교 선교의 목적으로 만든 할렐루야 축구단이다. 하지만 당시 프로축구팀이 단 하나밖에 없었기 때문에 할렐루야 축구단은 브라질에서 프로축구팀을 초청해 경기를 벌였다.

이후 한국프로축구연맹이 만들어지면서 프로축구팀이 점점 늘어나게 된다. 1982년에 유공에서 프로축구팀을 만들었으며, 포항제철과 대우에서도 프로축구팀을 만들었다. 한국프로축구연맹은 이를 바탕으로 1983년 아마추어 최강(당시 국민은행)까지 함께 참여하는 슈퍼리그를 만들어 5개 팀이 참여하는 프로 아마 혼성 축구리그를 개막하게 되었다. 이후 1984년에는 현대와 럭키금성에서 프로축구팀을 만들었으나 여전히 프로와 아마 혼성 축구리그를 개최하는 혼란 속에 프로축구가 진행되었다.

결국 1989년에 가서야 한국프로축구위원회(KPFO)가 대한축구협회에 흡수 통합되었으며, 1994년 한국프로축구연맹이 창설되기에 이른다. 당시 순수 프로축구팀은 6개 팀에 불과했다. 이후 1994년에 현대, 1995년에 삼성팀이 창단되고 1997년에 대전 하나시티즌이 창단되면서 본격적인 10구단 체제로 운영되기 시작했다.

프로야구가 원년부터 이슈를 일으키며 안정적으로 발전한 것과 달리, 프로축구는 우여곡절을 겪으며 안정되기까지 무려 10여 년의 기간이 걸린 셈이다. 이 때문에 프로축구에서는 프로야구보다 걸출한 인기 스타가 덜 배출된 것처럼 보인다. 프로야구의 톱스타 하면 여러 선수가 떠오르지만, 프로축구 톱스타는 몇 명이 떠오르지 않는다.

그럼에도 불구하고 프로축구의 평균 연봉은 프로야구에 비해 훨씬 높다. 2021년 기준 K리그 1 선수 1인당 평균 연봉은 2억 4,859만 원이며 외국인 선수를 제외한 국내 선수의 1인당 평균 연봉은 2억 747만 원으로 나타났다. 이는 프로야구의 1인당 평균 연봉보다 높은 수치이다.

인기 스타 측면에서 보면 프로야구가 프로축구보다 훨씬 많은데 이것은 연봉에서도 잘 반영되어 나타난다. 즉 프로야구의 평균 연봉은 프로축구보다 낮지만, 개인별 고액 연봉자는 프로야구에 훨씬 많다. 프로야구는 10억 원 이상 고액 연봉자가 약 14명에 이르지만, 프로축구의 경우 5명 정도에 지나지 않는다. 이것으로 국내 프로축구에 인기 스타가 많지 않음이 증명되고 있는 셈이다. 이를 좋게 보면 프로축구는 프로야구보다 개인별 격차가 심하지 않다고 해석할 수도 있다.

축구 인기의 분기점이 된 2002년 월드컵 4강

사실 우리나라 축구의 인기는 K리그보다는 대표팀 경기가 더 압도적이었다. K리그가 열릴 때 듬성듬성하던 관중석이 대표팀 경기가 열리는 날이면 꽉 차곤 했었다. 그만큼 축구는 국가별 대항이 관심거리였다. 이 때문에 월드컵은 지구촌 최고의 스포츠 축제가 되기도 했다.

2002년 우리나라의 월드컵 4강은 그야말로 축구 인기의 분기점이 되었다고 할 수 있다. 당시 박지성이라는 걸출한 축구 스타가 배출되면서, 한국의 프로축구는 커다란 분기점을 맞이하게 된다.

박지성 선수는 월드컵 4강의 성적을 바탕으로 유럽으로 진출하게 된다. 이후 세계 최고의 축구구단 중 하나인 맨체스터 유나이티드에 입단하면서 축구팬의 관심을 집중시키게 된다. 이후 박지성 선수는 세계 최고의 프리미어리그 우승은 물론 클럽 최고의 대회인 챔피언스리그 우승까지 경험하면서 최고의 성공을 거두었다. 당시 박지성 선수의 연봉은 맨체스터 유나이티드 입단 당시 38억 원에서 나중에는 83억 원까지 증가했다.

이 영향을 바탕으로 유럽에 진출하는 축구선수들이 점점 많아지게 되었다. 이후에 등장한 손흥민 선수는 박지성 선수보다 더 큰 성공을 거두면서 축구 팬들을 열광시키고 있다. 2022년 기준 손흥민 선수의 연봉은 약 165억 원 정도이다.

마치 국내 야구 팬의 관심이 국내 프로야구에서 메이저리그로 옮겨갔던 것처럼, 국내 축구 팬들의 관심은 점차 국내 프로축구에서 유럽 리그로 이동하기 시작했다. 힘 있고 빠른 템포로 이루어지는 유럽 축구를 보다가 국내 프로

축구를 보면 한 단계 떨어져 보이게 되므로 당연한 결과라 하지 않을 수 없었다. 이를 바탕으로 현재는 유럽 축구를 관전하는 하나의 팬덤문화(특정 분야를 지나치게 좋아하는 현상)까지 생긴 상태로 발전해 있다.

상황이 이렇다 보니 K리그는 아무래도 뒷전으로 밀릴 수밖에 없다. K리그에서 뛰는 선수들도 어떻게든 좋은 성적을 내어 국가대표에 발탁되고 유럽 리그에 진출하는 것을 목표로 삼고 있는 상태다. 유럽 리그에 진출하여 성공하면 박지성 선수나 손흥민 선수처럼 명예도 얻고 큰돈도 벌 수 있기 때문이다. K리그는 이런 문제를 극복해야 다시 도약할 수 있다.

농구와 배구의
프로 세계는 어떨까?

프로농구의 역사와 인기 스타들

농구는 축구와 야구에 이어 우리나라에서 3대 인기 스포츠 중의 하나였다. 이를 바탕으로 프로농구가 출범하기 전 이미 1983년에 시작된 농구대잔치가 겨울 스포츠로 큰 인기를 끌고 있었다. 당시 기아자동차의 허재, 김유택, 한기범, 강동희 선수들이 독주를 하고 있던 상황에서 연세대의 서장훈, 문경은, 이상민, 우지원 선수 등이 등장해 경쟁 구도를 형성했다. 이에 고려대의 현주엽 선수까지 가세해 기아자동차, 연세대, 고려대 등의 인기는 가히 하늘을 찌를 듯했다. 이런 분위기는 1990년대 중반까지 이어져 MBC TV 농구 드라마 〈마지막 승부〉가 방영되면서 절정을 이루었다.

이처럼 농구는 이미 탄탄한 인기를 구축하고 있었기 때문에 프로농구가 출범해야 한다는 목소리가 높아지고 있었다. 이런 분위기 속에서 3년간의 준비 끝에 1996~1997년 시즌에 프로농구가 탄생하기에 이르렀다. 당시 프로농구는 부산 기아 엔터프라이즈, 안양 SBS 스타즈, 원주 나래 블루버드, 대구 동양 오리온스, 광주 나산 플라망스, 인천 대우증권 제우스, 대전 현대 다이냇, 수원 삼성 썬더스 등 8개 구단으로 출발했다. 그리고 두 번째 시즌인 1997~1998년에 창원 LG 세이커스와 청주 SK 나이츠가 추가되면서 10개 구단 체제를 구축하게 되었다.

프로농구 원년에는 강동희, 허재, 김유택 등의 기아자동차가 우승의 영광을 차지했다. 이듬해에는 연세대학교 농구팀을 졸업한 이상민 선수가 현대에 입단하면서 현대의 독주 체제가 이어졌다. 그리고 1999~2000시즌에는 서장훈 선수가 있던 SK가 현대의 3연패를 막고 챔피언에 오르면서 프로농구의 흥미를 돋우었다.

이후 프로농구는 스타 선수들을 지속적으로 배출하면서 인기를 이어갔다. 여기에 농구의 특성상 외국인 선수 제도를 도입해 경기의 수준을 올리는 데도 신경을 쓰면서 성공을 거두었다. 이 중 2008~2009시즌 서울 삼성의 대체 외국인 선수로 처음 한국 땅을 밟았던 헤인즈 선수는 총 10,878점으로 외국인 선수 최다 득점 기록을 세웠다. 2006~2007시즌 대구 오리온스에서 뛰었던 피트 마이클 선수는 경기당 평균 득점 35.1점으로 역대 최고 평균 득점을 기록해 농구의 인기를 이어가는 데 한몫했다.

현재 프로농구는 10구단 체제로 운영되고 있는데 기업의 흥망성쇠에 따라 원년과 비교하면 팀도 많이 개편된 상태다. 프로농구는 20년 이상 진행되고 있지만 과거에 비해 인기가 높다고는 할 수 없는 상태다. 결국 스포츠의 인기는 스타 플레이어가 등장해야 하는데 스타들이 즐비했던 과거의 농구계에 비해 현재는 그만한 스타들이 출현하지 않고 있기 때문이다. 현재 프로농구를 이끌고 있는 대표적 선수들로는 김종규, 김시래, 김선형, 허웅과 허훈이 있다.

처음 프로농구가 시작할 당시인 97~98시즌 기준 전체 선수들의 평균 연봉은 6천만 원 정도였다. 당시 강남 반포의 30평대 아파트가 1억 5천만 원 내외였던 것을 고려하면 적은 연봉은 아니었던 셈이다. 현재 프로농구 선수들의 평균 연봉이 1억 6천만 원이므로 타 프로 종목보다 적은 것은 아니지만 많다고도 볼 수 없다. 결국 프로 선수들의 연봉은 인기와 비례한다고 볼 때 한국프로농구의 발전이 꼭 필요한 상태라고 볼 수 있다.

프로배구의 역사와 인기 스타들

과거 배구는 농구보다 인기가 높지 않았으나 그래도 인기 종목 중 하나였다. 특히 여자 배구는 1972년 뮌헨 올림픽에서 4위에 오르며 주목받기 시작했다. 구기 종목에서 올림픽 4위라는 성적은 최초였기에 관심을 끌 만했다. 이후 1976년 몬트리올 올림픽에서는 동메달까지 따내면서 한국 여자 배구가 세계적 수준에 있음을 알렸다. 이후 여자 배구는 약간의 침체기를 겪다가 2012년 런던 올림픽과 가장 최근에 열린 2020년 도쿄 올림픽에서 다시 4위에 오르면서 부활의 신호를 알렸다. 특히 2012년 런던 올림픽에서 김연경 선수는 여자 배구 종목 MVP를 받아 세계 최고의 여자 배구 선수로 떠올랐다.

배구는 이처럼 축구, 야구, 농구와 함께 4대 인기 스포츠에 포함되어 겨울철이면 팬들을 열광시키곤 했다. 1980년대에는 장윤창, 김호철이라는 걸출한 선수가 나타나 배구의 인기를 이끌었다. 장윤창은 우리나라 최초로 스파이크 서브를 개발해 주목을 받기도 했었다. 김호철 선수는 175센티미터의 작은 키로 컴퓨터 세터라는 별명을 얻으며 배구계를 휩쓸었다. 이후 유럽 이탈리아 리그에까지 진출해 1983년, 1984년 연속으로 이탈리아 리그에서 팀 우승을 이끌며 3회나 최우수 선수에 오르기도 했다. 1990년대 말에는 김세진, 신진식이라는 걸출한 배구 스타들이 출현해 배구계의 중흥기를 이끌기도 했다.

배구계는 이러한 인기를 바탕으로 야구, 축구, 농구에 이어 제4의 프로 리그 탄생을 꿈꾸었고 가장 늦은 2005년에 이르러서야 첫 시즌을 시작할 수 있었다. 2022년 기준 V리그의 남자배구 신인 선수의 연봉은 4,000만 원으로 정해져 있는데 이는 프로야구의 3,000만 원, 프로농구의 3,500만 원, 프로축구의 2,400~3,600만 원에 비해 가장 높은 금액이다. 최고 연봉 역시 10억 원을 돌파해 다른 스포츠 분야에 비해 뒤지지 않는다.

V리그는 유일하게 남자부와 여자부를 동시에 운영하는 특징이 있다. 또한 여자 배구의 경우도 연봉 수준이 남자 배구에 비해 크게 떨어지지 않는다. 한국배구연맹의 발표에 의하면 여자 프로배구 선수들의 평균 연봉은 2022년 기준 1억 3천만 원 정도이다.

여자 운동선수의
세계

우리나라 여자 축구의 시작

지금까지 남자 프로스포츠를 중심으로 이야기를 했다. 그 이유는 여자 프로스포츠의 등장이 그리 오래되지 않았기 때문이다. 농구와 배구 등에서는 일찍부터 여자부가 함께 진행되어 왔기에 여자 프로 리그도 자연스럽게 함께 진행되었다. 그러나 육체적으로 축구와 야구 등에서는 여자 운동부의 활성화가 쉽지 않았다. 그래서 여자 선수가 직업적으로 활동하기에 쉽지 않은 상황이었다.

축구 분야에서 여자 축구가 활성화되지 않은 이유는 축구가 격렬한 운동이기 때문에 여성에게 적합하지 않다는 선입관이 있었기 때문이다. 그럼에도 불구하고 영국에서는 1900년대 초부터 여자축구협회가 만들어져 활동하기 시작했다. 아시아의 경우 1975년에 AFC 여자 아시안컵 대회가 개최되었고 1984년에는 UEFA 유럽여자축구선수권 대회가 만들어져 여자 국제축구대회가 열리기도 했다. 이후 오세아니아에서도 OFC 여자 네이션스컵 대회가 열렸으며 북중미카리브축구연맹, 남아메리카 축구연맹, 아프리카 축구연맹에 의해 1991년에는 각각 CONCACAF 여자축구선수권대회, 코파아메리카페메니나, 아프리카 여자네이션스컵이라는 이름으로 여자 축구 대회가 열리게 되었다.

우리나라가 유럽보다 먼저 여자 축구를 인정했던 나라라는 사실을 아는 사람은 많지 않다. 우리나라 여자 축구는 1946년 우리나라 최초의 여자 축구팀인 중앙여중 축구부가 만들어지면서 시작되었다. 이후 명성여중, 무학여중 등에서도 여자 축구부가 만들어져 대회가 열렸다.

6.25 전쟁 이후 여자 축구는 잠시 사라졌다가 1973년에 다시 부활했다. 당시 서울운동장에서 남자고교축구 결승 오픈전으로 여자 축구 경기가 열렸는데 이 경기를 보기 위해 약 1만 명의 관중들이 모여들 정도로 여자 축구에 대한 국민들의 관심이 높았다. 우리나라는 여자 국제축구대회에 참가하기 위해 1990년부터 최초의 여자국가대표팀을 만들었다. 그리고 2001년 한국여자축구연맹이 창립되면서 여자 축구가 본격화하기 시작했다.

여자 프로축구의 세계

우리나라 여자 축구의 환경은 열악한 상태이다. 가장 큰 문제는 여자 축구선수의 수가 턱없이 부족하다는 점이다. 대한축구협회에 등록한 선수 중 여자는 3.3퍼센트에 불과하다. 다행인 것은 그래도 여자 실업 축구팀이 11개나 있다는 사실이고 여기에서 246명의 선수가 활동하고 있다는 점이다.

여자 축구는 이러한 기반을 바탕으로 2009년 여자축구 리그(WK리그)를 시작하기에 이른다. 하지만 WK리그가 완전한 프로인 K리그와 달리 세미프로라는 사실을 잘 알아야 한다. 세미프로란 프로와 아마추어의 중간 정도의 단계에 있는 직업 운동 분야라고 할 수 있다. 이에 따라 WK리그는 여자 프로팀이 아닌 실업팀으로 구성되어 있다.

우리나라 여자 축구는 국제무대에서 두각을 나타내고 있다. 2010년에 여자 U17(17세 이하) 월드컵에서 우리나라 여자대표팀이 우승을 차지했고, 2010년 독일에서 열린 U-20 여자 월드컵에서 3위에 입상했다.

우리나라 여자 축구는 국제무대에서 실력을 인정받아 여자 축구선수들이 해외에 진출하기 시작했다. 2005년부터 2018년까지 무려 11명의 선수가 일본, 미국, 유럽 등의 프로팀에 입단하였다. 이 중 2014년 지소연 선수가 한국인 최초로 잉글랜드 여자프로축구리그의 강팀인 첼시 레이디스에 입단한 것은 대단한 성과였다. 지소연 선수는 지메시라 불리며 총 13개의 트로피를 들어 올렸으며 잉글랜드프로축구선수협회(PFA) 올해의 선수상을 받을 정도로 큰 활약을 펼쳤다.

여자 축구선수들은 어느 정도의 연봉을 받고 있을까? 사실 여자 축구선수들의 수입은 그리 높지 않은 상황이다. 그만큼 여자 축구계의 상황이 좋지 않기 때문이다. 그동안 WK리그에서 단골 우승팀이었던 이천 대교 팀이 2017년을 마지막으로 해체되었을 정도라면 대략 짐작이 갈 것이다. 국내 여자 축구선수들의 연봉은 5천만 원을 넘기 힘든 상황으로 알려져 있다. 완전한 프로가 아니기 때문에 연봉 제한에 걸려 있기 때문이다. 국내 최고 선수라 알려져 있던 지소연 선수도 유럽 생활을 마치고 국내 리그로 돌아왔을 때 5천만 원의 연봉을 받았을 정도다. 참고로 지소연 선수가 첼시에서 받은 첫 연봉은 1억 5천만 원 정도 알려져 있다.

WK리그가 발전하기 위해서는 현재의 세미프로 상태에서 완전한 프로로의 전환이 이루어져야 한다. 여자 축구계는 이를 위하여 오늘도 노력하고 있다.

여자 야구 선수의 등장

대부분의 운동 분야에는 여자부가 함께 존재한다. 최근에는 여자 씨름까지 인기를 얻을 정도로 여자들이 진출하지 않는 분야가 거의 없는 상황이다. 그렇다면 여자 야구선수도 존재하는 것일까? 사실 일반 사람들은 TV나 뉴스 등에서 여자 야구 선수에 대한 이야기를 거의 듣지 못했기 때문에 여자 야구 선수가 있는지에 대해 모르는 사람이 태반이다.

우리나라에는 한국여자야구연맹(WBA)이 세워져 있으며 전국여자야구대회도 개최되고 있다. 2006년 나주대학교 여자야구단이 첫 번째로 한국여자야구연맹에 등록함으로써 여자 야구팀의 시작을 알렸다. 그리고 이듬해인 2007년 드디어 함평나비배 전국여자야구대회가 열리면서 본격적인 여자 야구의 시대가 펼쳐지게 되었다.

2008년에 우리나라에는 전국에 여자 사회인 야구팀이 6팀 정도가 있었다. 이 6개 팀에서 활동하는 여자 야구 선수가 100명이 조금 넘는 수준이었다. 그런데도 당시 여자 야구 선수들의 열정이 대단하여 국제대회에 참가하고자 하는 열망이 강했다. 그래서 2008년 처음으로 여자 야구 국가대표팀이 만들어졌으며 그해 일본에서 열린 제3회 세계여자야구월드컵 대회에 참가해 8개국 중 6위(2승 3패)라는 성적을 거두었다. 이후 꾸준히 월드컵 대회에 참가했는데 가장 최근에 열린 2018년 월드컵 대회에서는 비록 하위권에 머물렀으나 대표팀의 투수인 김라경 선수가 삼진 19개를 솎아내며 이 부분 1위에 오르는 성적을 올렸다. 또한 내야수 김소연 선수가 출루율에서 0.667로 전체 3위를 기록하기도 했다.

무엇보다 고무적인 것은 2008년 처음 월드컵대회에 참가할 때 평균 나이가 32세였는데, 2022년에 선발된 대표팀의 평균 나이는 22.8세로 열 살 가까이 어려졌다는 점이다. 이것은 젊은 선수들이 여자 야구에 관심을 갖게 되었다는 것을 뜻하기 때문에 미래가 밝다고 할 수 있다. 또한 처음에 6개 정도에 불과했던 여자 사회인 야구팀은 2022년 기준 50여 개 가까운 팀이 연맹에 가입했을 정도로 그 수가 늘어났다. 이 또한 여자 야구에 대한 관심이 지속적으로 커지고 있다는 것을 뜻하는 신호이다.

그럼에도 불구하고 아직까지 우리 주변에서 여자 야구 선수들은 찾아보기 힘들 정도로 여자 야구는 사회에 퍼져 있지 않다. 또한 여자 야구의 경우 '사회인 야구팀'이라는 표현을 썼는데 이것의 사전적 뜻은 전문 선수가 아닌 아마추어 성인층으로 구성된 야구팀을 뜻한다. 이것은 돈을 받고 일하는 직업적 성격이 아니라는 점에서 실업팀과는 차이가 있다. 하지만 사회인 야구 선수라 하더라도 전문 선수에 버금가는 실력을 갖추어야만 들어갈 수 있다는 점에서 실력은 무시할 수 없다는 점을 분명히 알아야 한다.

여자 야구가 직업의 위치에까지 올라가기 위해서는 먼저 야구를 직업으로 삼을 수 있는 실업팀부터 만들어지는 것이 중요하다. 이를 위해 국제대회에서 좋은 성적을 거두는 것은 필수다. 그렇게 관심을 끌다 보면 주목을 받게 되고 실업팀도 만들어질 것이기 때문이다.

우리나라 운동선수들의
해외 진출

운동선수의 꿈은 해외 진출!

　스포츠는 서구에서 시작된 것들이 대부분이기 때문에 우리나라보다 서구의 스포츠 시스템이 훨씬 발달되어 있다. 이에 따라 당연히 서구의 스포츠가 우리보다 실력도 뛰어나고 연봉도 훨씬 높다. 이 때문에 해외에 진출하려는 꿈과 목표를 가진 운동선수들이 많다. 하지만 해외에 진출하기 위해서는 스카우터(실력이 우수한 운동선수 등을 발탁하는 일을 하는 사람)의 눈에 들 만큼 뛰어난 실력을 갖추어야 하기 때문에 운동 분야마다 해외에 진출하는 선수들은 극히 적은 상황이다. 그럼에도 불구하고 몇몇 선수들의 해외 진출 사례를 통하여 운동선수로서 해외에 진출하는 방법에 대해 살펴보기로 하자.

먼저 가장 일반적인 방법으로 국제대회에서 좋은 성적을 거둠으로써 실력을 인정받아 해외에 진출하는 경우가 있다. 이에 해당하는 대표적 선수로는 차범근, 박지성 선수가 있다.

차범근 선수는 이미 대학에 진학할 때 차범근 쟁탈전이 벌어질 정도로 실력을 인정받았다. 그리고 대한민국 최연소 국가대표에 선발되어 활동하던 중 박스컵에서 열린 아인트라흐트 프랑크푸르트와의 경기가 유럽 진출의 결정적 계기가 되었다. 차범근 선수는 이 경기에서 좋은 모습을 보여주었는데 이것이 상대 코치의 눈에 들어 결국 독일 진출에 성공하게 된다.

박지성 선수 역시 비슷한 경우로 2002년 한일 월드컵에서 좋은 활약을 펼쳐 히딩크 감독의 눈에 들었고, 그 덕분에 유럽 진출에 성공했다.

이처럼 대부분의 선수들은 국제대회에서 좋은 성적을 거두어 해외 스카우터의 눈에 띄어 해외로 진출하는 경로를 밟게 된다. 특히 올림픽이나 월드컵 같은 큰 대회는 모든 해외 팀들이 지켜보고 있기 때문에 이런 대회에서 좋은 성적을 거두면 해외 진출은 더 가까워진다.

입단 테스트를 받고 진출하는 경우

스카우터의 눈에 들어 해외에 진출하는 방법이 소극적 태도라면, 좀 더 적극적 태도로 해외에 진출하는 방법도 있다. 이는 해외 팀과 연결해 주는 에이전시 같은 기관을 통하여 해외 팀에 대해 알아보고 직접 드래프트(모든 팀의 대표가 일괄적으로 신인 선수를 공개 선발하는 것)에 임하거나 입단 테스트를 받아 진출하는 경우에 해당한다.

예를 들어 세계 최고의 농구 리그인 NBA에서 활약한 하승진 선수는 이 방법으로 해외에 진출한 대표적인 경우이다. 하승진 선수는 221센티미터의 큰 키를 갖고 있었기에 초특급 농구선수로 불렸다. 하승진 선수의 농구 실력은 창단 이래로 36년간 전국대회 우승이 없던 삼일상고를 우승시킨 것으로 쉽게 짐작할 수 있다. 하승진 선수는 국내에서는 더 이상 적수가 없다는 생각에 연세대 1학년을 마치고 NBA 드래프트에 응시하게 된다. 여기에서 하승진 선수는 세계의 높은 벽을 실감한다. 자신보다 큰 선수들이 얼마든지 많았으며 결국 2순위로 밀려 탈락할 위기에까지 처했다. 하지만 운 좋게도 포틀랜드에 지명되어 NBA 선수로서 활동을 이어가게 되었다.

또 다른 예로 독일의 분데스리가에서 활약하고 있는 정우영 선수를 들 수 있다. 정우영 선수는 불과 18세의 나이였던 2017년 세계적 축구 명문 구단인 바이에른 뮌헨에 입단한다고 소식을 알려와 세상을 깜짝 놀라게 했다. 도대체 당시 이름도 잘 알지 못했던 정우영 선수는 어떻게 해서 그 어린 나이에 세계적 명문 구단에 입단할 수 있었을까?

당시 정우영 선수는 국내에서조차 잘 알려지지 않은 선수였다. 그런데 그는 고교 선수였을 때 이미 유럽 진출에 대한 꿈을 가지고 있었다고 한다. 그래서 입단 테스트를 받기 위해 독일로 떠났고 여러 팀에서 입단 테스트를 받았다. 그러다가 바이에른 뮌헨 U19팀에서 훈련할 기회를 얻게 되었는데 이때 운 좋게도 바이에른 뮌헨 1군팀도 함께 비공개 훈련 중이었다고 한다. 그런데 1군끼리 자체 11:11 청백전을 하려는데 마침 1명이 부족했다. 그때 정우영 선수가 곁에서 훈련하고 있었기에 그 자리에 불려 갔다. 그런데 이 연습경기에서 정우영 선수는 당시 바이에른 뮌헨 감독이었던 안첼로티 감독의 눈에 들게 된다.

안첼로티 감독은 당장 회의에 들어갔으며 정우영 선수를 영입하기로 했다. 어찌 보면 마치 신데렐라 이야기 같지만 어쨌든 정우영 선수는 스스로 적극적인 태도를 보이며 유럽 최고의 팀에 진출하는 쾌거를 이루어낸 것이다.

한편 PGA나 LPGA 등에서 활약하고 있는 프로골프 선수들은 대부분 적극적인 방법으로 해외에 진출한 경우에 해당한다고 볼 수 있다. 프로골프들이 PGA나 LPGA 투어에 참가하는 것 자체가 커다란 도전이기 때문이다.

메이저리그에서 성공한 추신수

축구에 손흥민이 있다면 야구에는 추신수가 있다고 할 정도로 그는 메이저리그에서 성공한 몇 안 되는 선수 중 하나이다.

추신수 선수 역시 손흥민 선수처럼 어릴 적 아버지에게서 혹독한 훈련을 받았다. 추신수 선수의 아버지는 담력을 키워야 한다며 어린 추신수 선수에게 공동묘지를 연습장 삼아 훈련을 시키기도 하고 깜깜한 학교 과학실에 가서 물건 가져오기 등 혹독한 훈련을 시켰다고 한다. 또한 야구 배트가 아닌 숟가락과 젓가락 등으로 타격 연습을 시키기도 했다.

추신수 선수는 이러한 훈련을 바탕으로 큰 실력 향상을

이루었으며 고등학교 때 청소년 대표로 뽑혀 2000년 세계 청소년야구대회에서 우리나라를 우승으로 이끌기도 했다. 이를 눈여겨본 미국의 메이저리그 스카우터의 제의로 결승 전이 끝난 지 얼마 되지 않은 2001년 8월에 계약금 137만 달러의 조건으로 시애틀 매리너스에 입단하게 되었다. 당시 18세의 나이에 불과했던 추신수 선수는 드디어 꿈을 이뤘다고 생각했다. 그러나 이후 10여 년간 무명 생활이 이어질 줄은 꿈에도 몰랐다.

추신수 선수는 원래 투수였으나 시애틀 구단은 그를 타자로 전향시켰다. 그리고 메이저리그가 아닌 마이너리그에서 선수 생활을 시작하도록 했다. 이로 인해 추신수 선수는 5년 동안 마이너리그 타자로 활동해야 했다. 운동선수로서 가장 좋은 몸을 가지고 있을 5년을 그렇게 보내버린 것이다. 이후 드디어 꿈에 그리던 메이저리그에 올라왔으나 2~3년간 성적이 좋지 못해 다시 마이너리그로 내려가야 할 판이 되었다. 하지만 추신수 선수는 이를 악물었고 메이저리그 세 번째 시즌 중반부터 치고 올라왔다. 그리고 아메리칸 리그 '9월의 선수'로 선정되면서 비로소 가능성을 인정받았다. 이때 그의 나이는 이미 20대 후반으로 꺾이고 있을 때였다.

이후 추신수 선수는 5년 동안 인생 최고의 활약을 펼치게 된다. 아메리칸 리그에서 2시즌 연속 타율 3할, 20홈런-20도루를 달성한 유일한 선수가 되는가 하면 메이저리그 역대 7번째로 20홈런-20도루, 세 자릿수 볼넷, 세 자릿수 득점, 300출루를 기록하기도 했다.

추신수 선수는 이 성적을 바탕으로 텍사스 레인저스와 7년간 총액 1억 3,000만 달러(1년 연봉 200억 원 이상의 금액)에 계약하는 성과를 이루었다. 이는 당시 아시아 야구 역사상 최고의 금액으로 이때 그의 나이는 31세를 넘어서고 있었다.

해외에 진출한 많은 선수들이 모두 성공하는 것은 아니다. 대부분의 선수들은 어려움을 이기지 못하고 해외 생활을 포기하는 경우가 많다. 하지만 추신수 선수는 그 어려웠던 무명의 8년 세월을 묵묵히 참고 견뎌냈다. 그 시기에 그의 친구였던 이대호 선수 등은 최고의 연봉을 받으며 잘나가고 있을 때였다. 추신수 선수는 이런 고통의 시간을 이겨냈기에 오늘의 영광을 누리게 된 것이다.

이후 추신수 선수는 선수 생활의 마지막을 고국에서 보내기 위해 한국 KBO리그로 돌아와 활약하고 있다. 이미 그의 나이는 40대를 넘어서고 있음에도 말이다.

4장
운동선수의
미래는 어떨까?

운동선수가 반드시
미래를 준비해야 하는 이유

은퇴 나이가 가장 짧은 직업

운동선수는 성공하면 돈도 많이 벌고 인기도 얻을 수 있어서 분명히 매력적인 직업이지만, 여러 가지 위험 요소도 있다는 사실을 잘 알아야 한다. 먼저 성공 확률이 다른 직업에 비해 매우 낮다. 이것은 곧 실패 확률이 그만큼 더 높다는 것을 뜻한다.

2020년도 열린 국정감사에서 김예지 의원(국민의힘, 비례대표)이 대한체육회로부터 받은 '2019년도 은퇴 운동선수 실태조사' 자료에는 우리나라 운동선수들의 현황이 잘 나타나 있다. 무엇보다 우리나라 전체 운동선수들의 은퇴 나이가 평균 23세로 나타나 충격을 주었다. 23세라면 남자들의 경우 아직 대학에 다니고 있을 나이인데 운동선수들은 이미 은퇴를 하고 있다는 뜻이다. 어떻게 이런 결과가 나타났을까?

이것은 운동선수가 되는 과정이 그만큼 힘들고 혹독하다는 걸 증명한다. 그래서 중도에 탈락한 사람이 그만큼 많기 때문에 나타난 결과라고 할 수 있다. 운동선수들이 일찍 은퇴한 이유에 대한 설문조사도 있었는데 불안한 미래(29.8%)가 첫 번째 이유로 나타났다. 실패할 확률이 높다 보니 미래가 불안해지는 것은 당연한 결과다. 두 번째가 부상(24.8%) 때문이라는 결과가 나왔는데, 이 또한 혹독한 훈련과정을 거치면서 부상을 입어 일찌감치 은퇴하는 선수들이 많기 때문이라고 볼 수 있다. 그 외에도 경쟁에서 뒤처지거나 경제적 뒷받침이 되지 않아 은퇴하는 경우도 많았다.

운동선수는 준비하는 기간도 길고 험난하며, 은퇴도 이른 시기에 할 수 있는 직업이기에 반드시 미래에 대해서도 함께 준비해야 한다.

은퇴한 선수들의 현황

운동선수를 하다가 은퇴한 선수들은 어떻게 살아가고 있을까? 먼저 은퇴 선수 중 42.5퍼센트가 은퇴 후 어떻게 먹고 살아가야 할지 몰라 어려움을 겪고 있는 것으로 나타났다. 실제 선수 경력 3년 이상, 20세 이상 39세 이하 은퇴 선수를 대상으로 한 설문조사에서 전체 은퇴 선수 중 41.9퍼센트가 실업 상태인 것으로 나타났다. 10명 중 4명이 아직 직업을 구하지 못하고 있다는 이야기다. 일반적인 직업을 가진 실업자 비율 4.0퍼센트보다 10배나 높은 수치이다. 일반 실업자의 나이를 은퇴 운동선수와 비슷한 15세~29세로 좁힐 경우에도 일반 실업자 비율은 9.7퍼센트이다. 그런데 은퇴 운동선수 실업자 비율은 40퍼센트 이상이니 4배 이상 높은 수치이다.

그렇다면 취업에 성공한 은퇴 운동선수들의 상황은 어떨까? 은퇴 운동선수 중 46.8퍼센트가 200만 원 미만의 월급을 받고 있고, 300만 원 이상을 받는 사람은 12퍼센트에 불과한 것으로 나타났다. 무엇보다 비정규직 종사자가 55.7퍼센트나 되는 것으로 조사되었다. 이 또한 일반 직장 근로자의 비정규직 비율(36.4%)보다 높은 수치이다.

이상에서 우리는 운동선수라는 직업의 불안정성에 대해서 살펴보았다. "빛이 밝을수록 어둠은 더 짙다."라는 말이 있는데 바로 운동선수라는 직업에 해당하는 이야기다. 성공한 운동선수의 화려함은 그 어떤 직업보다 빛나지만 그 빛에 가려진 나머지 운동선수들의 삶은 바람 앞에 등잔불처럼 위태롭기 짝이 없다. 사람은 흘러가는 상황을 보고 미래를 준비할 줄 알아야 한다. 무엇보다 이 말을 명심해야 할 직업이 바로 운동선수다. 자신이 운동선수로서 큰 성공을 거둘 가능성이 적어 보인다면 운동선수를 하고 있을 때 미리 미래를 준비하고 있어야 한다.

운동선수는 어떻게 미래를 준비해야 할까? 제2의 인생을 준비할 때 지금까지 해왔던 일과는 전혀 다른 일을 생각하는 것은 매우 비효율적인 접근이다. 사람이 어떤 일에 전문성을 갖기 위해서는 10년 이상의 숙련 기간이 필요하다. 어떤 일에서 은퇴한다는 이야기는 일단 그 일에 대해서는 어느 정도 전문성을 가지고 있음을 뜻한다. 그런데 그런 전문성을 제쳐두고 새로운 일에 도전해 전문성을 가지려면 또 얼마나 많은 시간을 투자해야 하겠는가. 전문성 없이 접근하는 일은 그만큼 실패할 확률이 더 높아질 수밖에 없다.

따라서 운동선수 역시 미래를 준비할 때는 전혀 다른 일을 알아보기보다 운동과 관련된 직업을 준비하는 편이 현명하다. 이제 운동선수가 은퇴 후에 할 수 있는 직업에 대해 알아보자.

운동선수의
은퇴 후 진로

미래를 대비한 공부를 시작하라

보통 운동선수가 은퇴해서 가질 수 있는 직업으로 해당 운동 분야의 코치나 감독, 전문 해설위원 등을 생각할 것이다. 하지만 은퇴한 운동선수들이 이 직업에 종사하는 경우는 매우 드물다고 봐야 한다. 왜냐하면 이 직업에 들어갈 수 있는 자리가 매우 적기 때문이다. 또한 이 직업을 가지려면 리더십이나 말을 잘하는 능력 같은, 운동 이외의 자질이 추가로 필요하다. 이 때문에 은퇴한 운동선수들은 의외로 스포츠 분야의 직업을 갖는 사람보다 전혀 다른 분야의 직업을 갖는 경우가 더 많다. 그런데 배운 게 운동뿐인 사람들이 다른 직업에서 일할 경우, 잘 해내기가 힘들기 때문에 앞의 설문조사에서 나타난 바와 같이 매우 열악한 직업에서 일하는 경우가 많다. 은퇴 운동선수들에게서 이러한 결과가 나타나는 이유는 사회적 책임도 크다고 볼 수 있다. 왜냐하면 오로지 운동 하나만 배우게 해서 미래에 대한 준비를 소홀하게 한 책임이 있기 때문이다.

이 때문에 요즘에는 운동선수도 미래 준비 차원에서 학교 운동부 시절부터 공부를 함께 병행하도록 하지만 이것도 형식뿐이어서 별 효과를 발휘하지 못하고 있다. 결국 이러한 문제를 해결하는 방법은 하나밖에 없다. 지금부터라도 운동선수들에게 미래를 준비하는 공부를 시작하게 하는 것이다. 이것은 비단 일반 운동선수에게만 해당하는 것이 아니라 스타 운동선수들에게도 해당하는 이야기이다. 왜냐하면 스타 운동선수들 역시 은퇴 후 사회에 나가 자리를 잘 못 잡는 경우가 많기 때문이다.

은퇴 후 가질 수 있는 직업들

운동선수들이 은퇴 후 가질 수 있는 직업에는 어떤 것들이 있을까? 모든 분야와 마찬가지로 생각하기에 따라 운동선수들도 은퇴 후 가질 수 있는 직업이 무척 많고 다양하다. 먼저 감독, 코치, 전문해설 등은 기본적으로 생각해 볼 수 있는 직업이다. 이런 직업을 갖지 못했다 하더라도 요즘은 운동선수의 커리어를 이용해 가질 수 있는 직업이 무척 다양하다. 예를 들어 이천수 선수나 조원희 선수는 자신들의 축구 경험을 바탕으로 개인 유튜브 채널을 운영하고 있는데 구독자가 수십만을 넘어가고 있다. 부상 때문에 일찍 은퇴했던 이강 선수의 경우, 유튜브와 어린이 축구 교실을 병행하고 있는데 안정적으로 운영하는 것으로 보인다. 이처럼 운동선수 당시 어느 정도 이름이 나 있었을 경우 자신의 이름을 건 스포츠 교실 운영을 생각해 볼 수 있다.

무엇보다 제2의 직업을 갖기 위해서는 공부가 필수적이다. 따라서 운동선수 시절 못 해본 공부를 해서 학위를 딴 후 학생들을 가르치는 직업을 생각해 볼 수도 있다. 이만기, 박노준 등은 운동선수 출신으로 대학교수를 하는 대표적 인물들이다. 특히 박노준 선수는 운동선수 출신 최초로 대학 총장이 되어 화제가 되기도 했다.

또한 운동선수들은 팬들을 상대한 경험이 있어서 방송인으로 활동하는 것도 고려해 볼 수 있다. 많은 운동선수 출신들이 방송에서 성공적인 활동을 하고 있다. 서장훈, 강호동, 현주엽 등이 운동선수 출신 대표 방송인이다.

만약 글을 쓰는 데 소질이 있다면 자신의 운동 경험을 바탕으로 스포츠 집필 작가로서 활동해 보는 것도 고려해 볼 수 있다. 운동선수로서 자신이 했던 경험을 바탕으로 책을 출간해 베스트셀러에 오른 경우도 많다.

만약 정치에 관심이 있다면 운동선수를 대변하는 정치가로 나서는 것도 고려해 볼 수 있다. 운동선수 출신 정치가로 이에리사, 김영주, 문대성 등이 있다. 또 운동선수는 운동 전문가이기 때문에 스포츠 관련 회사에 종사할 수도 있고 운동 관련 스타트업을 창업할 수도 있다.

이 외에 체육 교사, 경기 심판, 경기 기록원, 스포츠 강사, 스포츠 캐스터, 스포츠 기자, 운동 처방사, 스포츠 의학자, 트레이너, 선수 자격 분석가, 스포츠 이벤트 기획자 등 스포츠 관련 직업은 얼마든지 많이 있다.

운동선수 출신이라 하더라도 이처럼 자신의 노력과 준비에 따라 얼마든지 운동과 관련된 직업을 가질 수 있다. 중요한 것은 태도이다. 태도가 패배주의에 빠져 있다면 운동선수 이외에 어떤 직업도 가지기 힘들 것이고, 희망과 진취적 태도를 갖고 있다면 어떤 직업도 가질 수 있다.

'은퇴 선수 잡매칭'의 문을 두드려라

은퇴 운동선수들이 앞에서 이야기한 직업들에 도전하면 좋겠지만 이마저도 쉽지 않은 은퇴 운동선수들이 많이 있다. 이런 선수들을 지원하는 제도가 있다. 대한체육회e진로지원센터 홈페이지(https://welfare.sports.or.kr)에 들어가면 '온라인 잡매칭'이란 코너가 있다. 아직 홍보가 부족한 탓

인지 이 정보를 아는 사람이 많지 않은데 은퇴 운동선수 중 새로운 직업을 구하고 있는 사람에게 도움을 주는 곳이다. 이곳에 들어가면 은퇴 선수가 일할 수 있는 각종 구인 채용정보를 만날 수 있다. 각 기업에서 은퇴 선수를 대상으로 구인하는 것이기 때문에 자신의 적성에 맞는 직업을 구할 수 있다.

스포츠와 관련된
미래 유망 직업

스포츠 산업의 미래 전망

현재 스포츠는 사람들에게 없어서는 안 될 즐길 거리임이 분명하다. 이와 관련해 스포츠 산업은 꾸준히 발전해 왔다. 스포츠 산업이란 스포츠와 관련해 이익을 내는 모든 산업을 뜻한다. 코로나19로 인한 팬데믹이 일어나기 전인 2017년 기준 전 세계 스포츠 산업의 규모는 약 1.3조 달러(1,430조 원)로, 이는 자동차 판매 수입 규모와 비슷한 수치이다. 코로나19로 인한 거리두기 정책으로 한때 주춤했지만, 2022년 카타르 월드컵에서 사상 최고의 수익을 내면서 스포츠 산업의 위력이 다시금 힘을 떨치고 있다. 이 때문에 스포츠 산업의 미래는 여전히 밝고 희망적이다.

스포츠 산업은 크게 스포츠 시설업과 스포츠 용품업, 스포츠 서비스업으로 나눌 수 있다. 스포츠 시설업은 스포츠와 관련된 각종 시설을 통하여 이익을 내는 산업으로 스포츠센터 건설업과 스포츠센터 운영업이 모두 포함된다. 스포츠 용품업은 스포츠와 관련된 용품을 제작하고 유통해 판매하는 산업을 뜻한다. 스포츠 서비스업은 스포츠와 관련된 각종 서비스를 제공함으로써 이익을 내는 산업으로 경기관람, 마케팅, 정보제공 등이 모두 포함된다.

이러한 스포츠 산업은 계속 성장하며 발전해 왔다. 2022년 김상훈 한국스포츠정책과학원 책임연구위원이 제시한 자료에 따르면, 2015년부터 2019년까지 우리나라 스포츠 산업의 전체 매출액의 연평균 성장률은 5.5퍼센트였다. 당시 우리나라 전체 경제성장률인 2퍼센트대보다 2배 이상 높은 수치이다. 2019년을 기준으로 했을 때 전체 스포츠 산업의 매출액은 80조 6,840억 원이었고, 사업체 수는 105,445개, 종사자 수는 449,200명이었다. 스포츠 산업 부분별로는 스포츠 서비스업의 연평균 성장률이 10.7퍼센트로 가장 높았다. 이는 스포츠에 대한 관심이 크게 증가한 결과라고 할 수 있다.

이후 코로나19 팬데믹으로 주춤하긴 했으나 2022년 카타르 월드컵의 커다란 성공을 볼 때 스포츠 산업은 다시 크게 성장할 것으로 예상된다. 따라서 은퇴 운동선수들도 결국 운동 전공자이므로 은퇴 후 이런 스포츠 산업에 종사하는 것도 고려해 볼 수 있겠다.

스포츠와 관련된 미래 유망 직업들

한국직업능력개발원에서는 스포츠 관련 미래 유망 직업에 대해 소개하고 있다. 한국직업능력개발원에서 제시한 미래 유망 직업으로는 스포츠 기록 분석 연구원, 생활체육 지도자, 스포츠 에이전트, 스포츠 마케터 등의 직업이 있다.

▶ 스포츠 기록 분석 연구원: 경기와 관련된 전반적인 부분에 대한 과학적 분석을 통하여 문제점을 발견하고 해결책을 제시하여 스포츠팀의 경기력을 올리는 일을 하는 직업이다. 스포츠 기록 분석 연구원이 되기 위해서는 대학의 스포츠기록분석학과 등에서 공부해야 한다.

▶ 생활체육 지도자: 생활체육에 대한 전문지식을 바탕으로 안전하게 즐기는 방법과 전문기술 등을 지도하는 일을 한다. 생활체육 지도자가 되기 위해서는 국가가 지정한 연수원에서 공부하는 방법이 있다. 생활체육이 급격히 발전하고 있는 추세라 생활체육 지도자의 미래도 밝다.

▶ **스포츠 에이전트:** 스포츠 에이전트는 일반적으로 선수와 구단 간의 계약을 중계하는 역할을 하는 직업이다. 그 외에도 스포츠 관련 프로그램 및 서비스를 기획하고 관리하는 일을 한다. 대학에서 스포츠학과, 사회체육학과 등을 공부하면 유리하다.

▶ **스포츠 마케터:** 스포츠 마케팅을 통해 기업의 이익을 극대화하는 일을 하는 직업이다. 대학에서 마케팅 관련 공부를 했거나 마케팅 관련 경력이 있으면 이 분야에서 활동하기 유리하다.

이 외에 스포츠 관련 미래 유망 직업으로 스포츠 상담심리사, 스포츠 저널리스트, 스포츠 데이터 분석가, 스포츠 이벤트 플래너, 운동치료사 등의 직업도 있다.

스포츠 상담심리사는 선수들이 최상의 경기력을 발휘할 수 있도록 심리 상태를 돕는 일을 하는 직업이다. 스포츠 저널리스트는 스포츠 관련 칼럼을 쓰고 기고 등의 일을 하는 직업이다. 스포츠 데이터 분석가는 빅데이터에 의해 데이터를 분석해 정확한 정보를 제공하는 일을 하고, 스포츠 이벤트 플래너는 각종 스포츠 이벤트를 기획하고 진행하는 직업이다. 운동치료사는 부상을 당하기 쉬운 운동선수들을 대상으로 효과적인 재활치료를 돕는다.

운동 분야에도 이처럼 미래에 유망한 직업이 많으니 지금 운동선수나 스포츠 관련 직업을 준비하는 학생들이라면 이런 미래 유망 직업을 참고해 공부를 해나가는 것도 큰 도움을 얻을 수 있을 것이다.

운동선수 관련 직업은 어떻게 변할까?

4차 산업혁명과 메타버스의 스포츠 산업 침투

바야흐로 4차 산업혁명이 모든 산업을 변화시키고 있다. 따라서 가상증강현실, 3D 프린팅, 사물인터넷, 빅데이터 등 4차 산업혁명 기술들이 스포츠 산업에도 이미 들어와 있거나 더 깊이 들어올 것으로 보인다. 이와 함께 미래의 스포츠 산업도 그 모습이 크게 바뀔 것으로 예상된다.

먼저 스크린골프, 스크린야구, 스크린승마 등 가상체험 스포츠 산업시장의 변화를 예상할 수 있다. 현재도 가상체험 스포츠 시장은 급속도로 성장하고 있다. 여기에 메타버스 시대가 다가오면서 가상체험 스포츠 시장의 획기적 변화가 일어날 것으로 예상되고 있다.

메타버스란 단순한 가상세계가 아닌 마치 현실 같은 초

월의 가상세계를 뜻한다. 이것은 4차 산업혁명의 AR, VR 영상기술의 발전이 있기에 가능한 기술이기도 하다. 메타버스의 세계에서는 마치 현실 같은 상황이 연출될 수 있다. 메타버스 영상기술의 핵심은 현실을 그대로 옮겨놓은 가상세계를 구현하는 것이다. 예를 들어 롯데월드 가상세계를 진짜 롯데월드처럼 구현할 수 있다. 여기에 참가하는 가상 인물도 아바타로 구현하기 때문에 마치 진짜 자신이 들어가 있는 것처럼 꾸밀 수 있다. 이때 그냥 내 모습만 닮은 아바타가 아니라 내가 하는 몸짓, 눈빛까지 따라 하는 아바타를 통해 가상세계 속에서 사물의 감촉을 현실의 내가 느낄 수 있는 기술까지 구현해 낼 수 있다.

메타버스가 변화시킬 놀라운 스포츠의 미래

메타버스 기술이 가상 스포츠에 그대로 적용되면 놀라운 일이 일어날 수 있다. 내가 직접 경기장에 가지 않더라도 나의 아바타가 대신 경기장에 가게 된다. 그런데 그 경기장은 현실의 경기장과 거의 똑같이 구성되어 있다. 현실의 경기장 화장실도 그대로 있고 매점도 똑같이 존재한다. 그곳에 아바타 선수들이 등장해 경기를 펼치면 나의 아바타가 열광하며 경기를 관람한다.

내가 직접 참가하는 가상 스포츠도 격이 달라진다. 나의 아바타가 경기장에 등장해 진짜 현실처럼 똑같은 감각을 느끼며 경기를 펼치게 된다. 이것이 현재의 스크린골프, 스크린야구에만 적용되어도 놀라운 변화가 일어날 것이며 나아가 축구, 농구, 배구 등에 적용되면 그야말로 획기적 변화가 일어날 수도 있다. 그 외 스포츠 종목에도 메타버스 기술이 적용될 경우를 생각해 보면 거의 상상이 안 갈 정도가 된다.

현재에도 메타버스 게임이 큰 인기를 얻고 있는데 우리나라의 제페토가 대표적이다. 메타버스 게임은 기존 게임과 달리 현실 세계를 그대로 옮겨놓은 곳에서 나의 아바타가 가상현실을 즐기는 게임이다. 제페토는 전 세계 4억여 명의 유저가 이용하고 있는데 이곳에 나의 아바타를 만들어 현실 세계에서 노는 것처럼 놀 수 있다. 제페토의 메타버스 세계에 이미 현실의 백화점과 카페 등이 똑같이 입점해 있으며 구찌 등의 명품 브랜드도 현실과 같은 형태로 입점해 있다.

2021년에는 서울어린이대공원이 들어와 현실처럼 각종 놀이기구를 즐길 수 있게 되어 있다. 이곳에 나의 아바타를 등장시켜 다른 아바타 친구와 놀며 가상현실에서 여러 가지 놀이를 즐길 수 있다. 이때 여러 패션 아이템을 사서 나의 아바타 패션도 내가 꾸밀 수 있도록 설계되어 있다. 심지어 가상 구찌 매장에 가서 산 액세서리로 내 아바타를 꾸밀 수도 있다. 이로 인해 이미 제페토 내에서는 상거래가 이루어지고 있다. 어떤 디자이너는 제페토에서만 월 1,000만 원 이상의 실제 수입을 올리기도 했을 정도이다.

이러한 메타버스 게임이 스포츠 세계에 들어온다고 생각해 보면 엄청난 변화가 일어날 것을 쉽게 예상할 수 있다. 이와 관련해 여러 직업도 탄생할 수 있다. 앞에서 이야기했던 스포츠 상담심리사, 스포츠 저널리스트, 스포츠 데이터 분석가, 스포츠 이벤트 플래너, 운동치료사 같은 직업들이 메타버스 세계 내에서 그대로 나타날 가능성도 높다. 따라서 운동선수를 미래의 직업으로 생각하고 있다면 이러한 메타버스의 세계와 기술에 대해서도 관심을 가져야 할 것이다.

농구 황제 마이클 조던이 야구를 한 이유

역대 최고의 스포츠 스타를 단 한 명 고르라면 아마도 마이클 조던이 포함될 가능성이 높다. 그만큼 마이클 조던이 사람들에게 남긴 인상은 강렬하다. 그것은 그가 남긴 성적도 한몫하겠지만 스포츠를 예술의 경지로 끌어올린 공로 때문이기도 할 것이다. 마이클 조던의 동작은 마치 예술작품처럼 부드럽고 아름다웠기 때문이다.

마이클 조던은 농구에서 최고의 경지에 오른 후 직업을 그만둔 것이 아니라 끊임없이 다른 직업에도 도전했다. 이것이 바로 우리가 조던에게서 배워야 할 점이다. 마이클 조던은 1980년대 미국 NBA 농구에서 득점왕을 연이어 해냈다. 그리고 1990년대 들어서면서 3번의 우승을 이뤄냈다.

그런데 어느 날, 아버지가 총에 맞아 돌아가셨다는 소식을 들은 마이클 조던은 그 충격으로 은퇴하기로 결심했다. 그리고 아버지가 평소 원했던 야구를 시작했다.

농구선수로서 조던은 최고였지만 야구는 초보에 불과했다. 그럼에도 불구하고 조던은 야구에 도전해 1만 달러의 연봉을 받으며 마이너리그에서 활동했다. 참고로 조던은 농구선수로 뛰는 동안 약 1,000억 원의 연봉과 매년 나이키로부터 로열티 약 1,000억 원을 받은 것으로 알려져 있다. 그의 추정 재산만 무려 2조 원에 달한다. 그런 그가 연봉 1만 달러를 받으며 열악한 마이너리그 생활을 견뎌냈다는 것은 대단하다 하지 않을 수 없다. 그 후, 마이클 조던은 사람들의 열화와 같은 성원에 힘입어 다시 농구계에 복귀하여 40세가 된 2003년까지 활약하다가 은퇴했다.

은퇴 이후에도 마이클 조던은 직업 활동을 멈추지 않았다. 샬럿 호네츠 구단의 창단에 참여했으며 그곳의 구단주가 되기도 했었다. 세계 최고의 스포츠 재벌이 되었음에도 끊임없이 일하는 그의 모습에서 우리는 돈보다 직업 그 자체가 중요하다는 사실을 깨달을 수 있다.